Petrus Ceelen

Was ich dir noch sagen wollte

Letzte Gespräche

Petrus Ceelen

Was ich dir noch sagen wollte

Letzte Gespräche

Für

Tante Ruth,

einen Engel auf zwei Beinen.

Sie hatte hundert helfende Hände,

aber keinen einzigen Zeigefinger.

kbw bibelwerk

Petrus Ceelen, geb. 1943, war 30 Jahre Seelsorger
für Gefangene, Aidskranke und Drogenabhängige.
Er steht weiterhin Menschen in Not zur Seite und
begleitet Hinterbliebene auf dem Weg durch die Trauer.
Initiator des Verein »Die Brücke e.V.« in Stuttgart.

Umschlaggestaltung: Finken & Bumiller, Stuttgart
Umschlagmotiv: © iStock.com, Michelle Gibson
Satz: wunderlichundweigand / Stefan Weigand
Druck: Finidr s.r.o., Český Těšín, Tschechische Republik

www.bibelwerk.de
ISBN 978-3-460-30249-5

Inhalt

Im Nachhinein 6

Ruth, wenn du nicht im Himmel bist, gibt es keinen 10

Ich habe dich noch immer nicht losgelassen 18

So wie du möchte ich auch glauben können 26

Von dir konnte ich nicht Abschied nehmen 35

Mutter, du fehlst mir 43

Ich hätte dich so gerne noch gepflegt 51

Wir zwei ... 59

Warum? Werner, warum? 67

Norberta, du hast uns infiziert 75

Niemand kann dich ersetzen 82

Du warst das Beste, was mir passieren konnte 90

Hätte ich es dir doch einmal gesagt 97

Ich habe dich in den Schlaf gesungen 105

So vieles bin ich dir schuldig geblieben 113

Und du sollst da drin sein? 121

Uta, Ingrid, Gerhard, Eckhardt, Annerose – unsere Nachbarn 129

Im Voraus 138

Im Nachhinein

Ein Wort zuvor

Im Nachhinein denke ich, wir hätten mehr miteinander reden sollen, richtig reden. Wie oft haben wir über Dinge gesprochen, die nicht der Rede wert waren.

Wir haben versäumt, wichtige Themen anzusprechen. So manches blieb unausgesprochen, ungesagt, unerledigt. »Und wir dachten, wir hätten noch so viel Zeit.« Doch dann war es zu spät.

Im Nachhinein sehe ich erst, wer du eigentlich warst, wie du wirklich warst. Im Rückblick blicke ich erst, welchen Weg du gegangen bist und was du uns zuliebe alles getan hast. Nach und nach begreife ich allmählich, wen ich verloren habe. Du warst mir so vertraut, du standst mir so nahe. Nachdem du gegangen bist, rede ich immer noch mit dir am Grab oder auch daheim. Ich klage dir mein Leid und schütte mein Herz bei dir aus. Ich teile dir meinen Kummer mit, frage dich um Rat. Ich weiß, dass du tot bist und mir nichts mehr sagen kannst. Trotzdem höre ich, wie du mit mir sprichst. Manchmal denke ich, ich bin verrückt, aber ich höre deine Stimme.

An deinem Todestag, an unserem Hochzeitstag, an Weihnachten, an deinem Geburtstag bist du mir besonders nahe. Aber auch an anderen Tagen vermisse ich dich und sage dir immer wieder: Du fehlst mir.

Du, was ich dir noch sagen wollte: Ich fühle mich oft in einer Achterbahn der Gefühle. Ich bin unendlich dankbar, aber auch zutiefst traurig. – Ich bin erleichtert, dass du so hast gehen dürfen. Trotzdem sehne, weine, bete ich dich zurück, wünsche dich herbei. – Ich bin zuversichtlich, dass ich es allein schaffe, doch dann fange ich an zu zittern. – Ich kann wieder lachen wie früher und kurz danach ersticken mich fast die Tränen. – Ich würde dir gerne vergeben, aber ich kann nicht vergessen, was du mir angetan hast. – Mit dir war nichts, ohne dich ist auch nichts …

Nein, nein, es ist nicht so, dass der Tote immer der Beste der Familie war. Wir brauchen nicht alles schön zu reden und in der Erinnerung schön zu färben. Scheuen wir uns nicht, auch negative Gefühle wie Enttäuschung und Wut zur Sprache zu bringen. Es kann sehr befreiend sein, Schuldgefühle auszusprechen und auch Bedauern oder Reue einzugestehen. So können wir nach und nach zur Ruhe kommen und mit uns auch unsere Toten, die ja ein Teil von uns sind und bleiben.

Ich selber spreche hier mit meiner Mutter, Schwester Norberta, mit unseren früheren Nachbarn und mit unserer Tante Ruth. Ihr habe ich dieses Buch gewidmet.

Liebe Tante Ruth, du hattest hundert helfende Hände, aber nicht einen Zeigefinger. Du hast jeden verstanden und für alles Verständnis gehabt. In dir ist uns etwas von Gottes Liebe zu allen Menschen aufgeleuchtet. Du warst die Güte in Person. Wenn du nicht im Himmel bist, gibt es keinen.

Mama, ich danke dir, dass du mich zur Welt gebracht hast. Mitten im Krieg. Du warst eine starke Frau und hast das Schwere in deinem Leben gut gemeistert. Ich hoffe, dass ich auch einmal den Löffel so abgeben kann wie du – kurz vor dem Hundertsten.

Schwester Norberta, mit deinem mutigen Herzen warst du die Pionierin des ersten Hospizes für Aidskranke in Deutschland. Als echte Franziskanerin warst du richtig katholisch, alle liebevoll umfassend. Eindrucksvoll hast du uns vorgelebt: Christus hat keine anderen Hände als die unseren, um die Kranken zu pflegen. Er hat keine anderen Beine, um zu den Sterbenden zu stehen, ihnen beizustehen.

Uta, du bist so gestorben, wie du es dir immer gewünscht hast, aber 20 Jahre zu früh. Durch dich ist mir noch einmal klar geworden, dass die Wand zwischen Leben und Tod hauchdünn ist. Ich kann immer noch nicht glauben, dass du nicht mehr da bist. Und auch unsere anderen Nachbarn sind von uns gegangen: Ingrid, Gerhard, Eckhardt und Annerose.

Im Nachhinein höre ich die Verstorbenen noch so manchen Satz sagen. Keiner geht so ganz. Von jedem bleibt etwas zurück. Sein Lächeln, seine Eigenart, sein Humor, sein einmaliges, einzigartiges Wesen. Alle, die von uns gegangen sind, haben Spuren in unseren Herzen hinterlassen. Und sie zeigen uns, wohin auch unser Weg führt.

Bleiben wir mit unseren »Wegweisern« im Gespräch. Und hören wir, was sie uns zu sagen haben. Im Nachhinein.

Petrus
Nachkomme von Christina und Emil, Jan und Jantje, Ruth, Willy, Doris, Bernd, Annerose, Eckhardt, Uta, Gerhard, Ingrid, Rudi, Norberta, Walter, Sofie, Horst, Gaby, Jürgen, Bärbel und allen anderen Vorgängern im Buch des Lebens.

Ruth, wenn du nicht im Himmel bist, gibt es keinen

Liebe Ruth. Mit dir konnte ich über alles reden. Dir habe ich so manches anvertraut, was ich sonst niemandem sagen konnte. Bei dir war es gut aufgehoben. Du hast mit dem Herzen verstanden. Das habe ich dir auch schon zu Lebzeiten gesagt. Jetzt, wo du nicht mehr da bist, weiß ich erst, wie sehr ich dich vermisse. Kaum jemand stand mir so nahe wie du. Es ist mir unsagbar schwer gefallen, deine Trauerfeier zu halten. Schon bei der Vorbereitung sind mir die Tränen gekommen. Wie haben manchmal zusammen auch Tränen gelacht. Mit Mathias Richling, wie er etwa den Kretschmann oder die Merkel parodiert. Noch lustiger war, wie du ihn dann nachgemacht hast.

Bei deiner Abschiedsfeier habe ich auch versucht, ein wenig Humor hineinzubringen. Humor ist, wenn man trotzdem lacht, trotz der Trauer. Ich habe von der Beerdigung deiner Mutter erzählt. Da standen wir an ihrem Grab und deine Cousine war so durcheinander, dass sie ihre Handtasche mit den Blumen ins Grab warf. Ihre jüngere Schwester ist dann anschließend auf einer Leiter heruntergestiegen und hat die Tasche wieder raufgeholt. Dann hast du ihr gesagt: »Meine Mutter hätte das Taschengeld gut gebrauchen können – als Obulus für den Fährmann.«

Als du von uns gingst, hattest du nichts mehr in der Tasche. Du hattest zu Lebzeiten alles weggegeben. Und als du dann im Krankenhaus warst und anderen nichts mehr geben konntest, wolltest du nicht mehr leben.

In den letzten Tagen hast du dich gefühlt, wie ein Mensch, der in der Sonnenglut durch die Wüste irrt, lechzend nach einem Tropfen Wasser. Am Ende deiner Wüstenwanderung kam es mir so vor, als hätte der Herrgott persönlich ein Einsehen gehabt: Als Gott sah, dass der Weg zu lang, der Berg zu steil, das Atmen zu schwer fiel, legte er seinen Arm um dich und sprach: Komm, wir gehen heim.

Am Sonntag, am Faschingssonntag 2016 war es dann so weit. Wir haben kaum gemerkt, dass du aufgehört hast zu atmen. Es kam uns so vor, als wärest du barfuß am Meer entlang gelaufen und hättest noch einmal winkend die Hand gehoben. Nach deinem Tod lagst du ganz gelöst da, mit einem verschmitzten Lächeln um die Lippen. So als ob du uns sagen wolltest: Jetzt habe ich es geschafft!

***

Ruth, bei deinem Abschied sind viele Tränen geflossen. Du hast uns alle tief berührt. Für viele von uns warst du die Tante Ruth. In dir ist uns etwas aufgeleuchtet von Gottes Güte für uns Menschenkinder. Du hattest ein großes, goldenes Herz und hundert helfende Hände, aber keinen einzigen Zeigefinger. Du hast niemanden verurteilt. Du hast immer versucht zu verstehen und hattest Verständnis für alles, was menschlich ist. Zu deinen Freunden und Freundinnen zählten Schwule und Lesben, Aidskranke und Drogenabhängige. Die Außenseiter lagen dir besonders am Herzen. Du gingst mit zu den Weihnachtsfeiern bei den Obdachlosen und zu den Gefangenen auf dem Hohenasperg. Du warst ein Pfeiler der »Brücke« für Menschen am Rande. Du hast auch den Elternkreis für Drogenabhängige viele Jahre lang mitgetragen. Du hast geholfen, wo du nur konntest. An Weihnachten hast du zehn Linzer Torten gebacken und alle verschenkt. Ja, deine Kuchen, Ruth, waren ein Gedicht! Deine Streusel- und Käsekuchen und dein Rührkuchen und dein Barbarakuchen und dein gedeckter Apfelkuchen und deine Rosinenbrötchen und deine gefüllten Eier und dein Kartoffelsalat und deine Gulaschsuppe und dein Nudelsalat und deine gekochte Marmelade und deine gefüllte Kalbsbrust und deine Donauwellen und und und. Wir sehen dich immer noch vor uns mit deinem schwarzen Netz und deinem Korb, vollbepackt mit Vesper. Deine Fürsorge für Leib und Seele hat uns allen gut getan.

***

Du warst ein Sonntagskind. Am Sonntag, dem 15. Mai 1927 kamst du mittags um zwei Uhr auf die Welt – in Peterszell, im Schwarzwald. Die Hebamme sagte damals, wenn der Bub um zwei Uhr nicht da ist, müssen wir den Doktor holen. Das musst du dann wohl gehört haben, denn du kamst pünktlich um 2 Uhr auf diese Welt. Dein Schwesterchen Esther plärrte, als sie dich das erste Mal sah und meinte, die Hebamme sollte dich wieder mitnehmen. Aber am anderen Tag wollte sie dich nicht mehr hergeben.

Mit drei Jahren hattest du eine Hirnhautentzündung und wurdest wie durch ein Wunder geheilt. Die Erinnerung an diese Erkrankung hat sich ganz tief in deine Seele eingebrannt. Oft sagte deine Mutter: »Das kannst *du* sowieso nicht.« Dann hast du dich stur gestellt. »Wenn ihr meint, ich bin zu blöd dazu, dann bin ich eben blöd.«

Als Kind hattest du schon ein Herz für die Menschen, die weniger hatten als du. Du hast die Schokolade und die Süßigkeiten, die du von den Amis bekommen hast anderen verschenkt. Geben, helfen, das war dein Leben. Rund zehn Jahre hast du deine Schwester Hilde gepflegt, warst immer für sie da. Und später auch für ihren Mann Werner. Ja, Ruth, du hast Nächstenliebe gelebt. Und das zählt. Bei dir lag zwar immer die Bibel offen, aber das war nur Tarnung, wie du sagtest. Du hast lieber Krimis als die Bibel gelesen, obwohl es da auch reichlich Mord und Totschlag gibt. Unzählige Bücher hast du verschlungen – und du kanntest auch nach Jahren noch den Inhalt und die Hauptpersonen. Du konntest drei, vier Bücher gleichzeitig lesen. So wie dir das Essen immer gut geschmeckt hat, so hattest du auch immer Appetit auf ein neues Buch. Das Buch der Bücher war für dich nicht Gottes Wort, obwohl dir das als Kind eingetrichtert wurde. Du hast dich von vielem befreit, warst frei in deinem Denken und Handeln. Als »Methodistin« hattest du kein Problem damit, bei den Katholiken zur Kommunion zu gehen. Du hast überhaupt nicht verstanden, dass die beiden Großkirchen immer noch kein gemeinsames Abendmahl haben. Du hast Ökumene praktiziert, warst eine wahre Christin. In der Tat.

***

Ruth, wenn ich an dich denke, sehe ich deinen Sohn Martin, dein großes Sorgenkind. Als Drogenabhängiger ist er einen langen Weg gegangen, auch ein Stück weit durch die Hölle. Im Gefängnis habe ich ihn kennengelernt. Er hat mehrere Therapien gemacht und es längere Zeit ohne Drogen geschafft. Martin war mehrere Jahre in verantwortlicher Position bei Synanon in Berlin. Eines Nachts hatte ein Polizist aus Berlin dich angerufen und gesagt, dass Martin leblos in seiner Wohnung aufgefunden wurde. Du hast deinen Martin nie tot gesehen. Die Abschiedsfeier von Martin kam dir irreal vor, wie im Film. Erst als du später dann den Jörg im Sarg liegen sahst, hast du erst richtig verstanden, dass dein Martin nicht mehr lebt. Nach Martins Tod hast du gesagt: »Jetzt sagt niemand mehr Mama zu mir.« Ja, das muss dir, die du so mütterlich warst, sehr gefehlt haben.

Ich habe auch deinen Mann Max beerdigt. Er war viel älter als du. Max war wohl nicht deine große Liebe, aber er hat nicht nachgelassen, dich zu umwerben. Und er hat dir auch leidgetan, denn er war als uneheliches Kind bei einer Tante aufgewachsen. »Ruth, wir sind füreinander bestimmt«, hat Max dir gesagt. »So etwas kann man sich aber auch einbilden«, hast du ihm geantwortet.

Als Max starb, war deine Mutter schon einige Zeit im Altenheim und du hattest ihr immer die Wäsche gemacht.

Sie schrieb dir in ihrem Beileidsbrief: »Ruth, trotz aller Trauer brauche ich meine Unterwäsche.«

***

Du wolltest für deinen Abschied das Lied: »Wir sind nur Gast auf Erden und wandern ohne Ruh« – und wandern ohne Ruth, haben wir gesungen. Ob du es gehört hast? Dann hast du auch gesehen, wie schwer es uns gefallen ist, dir Ade, Adieu zu sagen. Einer geht nach dem anderen. Deine Eltern, Elisabeth, Esther, Hilde sind dir vorangegangen. Nun ist Ursel die einzige, die von den fünf Mädchen noch bleibt.

Ja, wir alle wandern mit mancherlei Beschwerden der ewigen Heimat zu. Die Gürtelrose hat dich lange geplagt – aber geklagt hast du nie. Und die letzten Jahre bis du nicht mehr aus dem Haus gegangen. Aber einsam warst du nie. Es stimmt überhaupt nicht, dass in diesen grauen Gassen niemand bei dir sein wollte. Alle sind wir gerne zu dir gekommen. Denn bei dir konnten wir so sein, wie wir sind. Wir fanden es schön, dass du uns im Nachthemd empfangen hast.

Dein Geburtstag war stets ein Höhepunkt. Da war die Wohnung voll. Auch noch die letzten Jahre, als du selbst nicht mehr kochen und backen konntest. Die Raucher saßen in der Küche und haben auch Geschirr gespült. Und was haben wir gelacht, als Robert wieder einen von seinen Witzen erzählte.

Liebe Tante Ruth. Mögest du jetzt schauen, was du immer geglaubt hast und drüben alle deine Lieben wieder sehen: Martin, Max, Liesbeth, Esther, Hilde, deine Eltern und Thomas und Martha und Margot und Hans Simianer und Werner Lillich und Rosels Mutter und Hilde und Helene und Suzy und Waltraud aus dem Häusle und Jörg und Anna und Gerda und die vielen, vielen anderen, die du schweren Herzens gehen lassen musstest.

Ruth, ein paar Tage vor deinem Tod hast du noch die Strophe aus dem Lied »Der Mond ist aufgegangen« gesungen: »Seht ihr den Mond dort stehen? Er ist nur halb zu sehen, und ist doch rund und schön! So sind wohl manche Sachen, die wir getrost verlachen, weil unsre Augen sie nicht sehn.«[1] Ja, wenn wir nur das für wahr halten, was wir sehen, was wir mit unserem kleinen Verstand erklären können, dann verstehen wir nicht viel. Es gibt viel mehr, als wir sehen.

Viele vermissen dich immer noch sehr. Rosl und Elfi, die dir in den letzten Jahren so liebevoll beigestanden sind. Deine Schwester Ursel, deine Neffen und Nichten, denen du eine Ersatz-Oma warst. Paul und Hanna in Säckingen, Hans Straub und die vielen, vielen anderen, die zu deiner großen Familie gehörten.

Wo bist du jetzt, Ruth? Auf dem Friedhof bist du nicht. Du bist auch nicht zu den Gräbern deiner Lieben gegangen und hast gesagt: »Max ist Gärtner. Er kann ja das Unkraut selbst von unten pflücken.«

Liebe Tante Ruth, zu guter Letzt hoffe ich auch dort hinzukommen, wo du jetzt bist, gemäß dem Schriftwort Rut 1,16: »Wohin du gehst, dahin gehe auch ich, und wo du bleibst, da bleibe auch ich.« Aber bei aller Liebe, Ruth – alles zu seiner Zeit!

Ich habe dich noch immer nicht losgelassen

Du Bernd, ich war heute bei der Beerdigung von Richard, dem früheren Briefträger. Du weißt ja, der große Kräftige, der mit Mathilde verheiratet war. Sie hatten drei Kinder. Die älteste Tochter ist vor ein paar Jahren an Aids gestorben, so sagt man zumindest. Aber du weißt, die Leute reden viel. Was haben sie bei meinem Vater wohl nicht alles gesagt, als er Leberkrebs bekam. »Ich habe gar nicht gewusst, dass er ein Säufer war.« – »Der Alte hat sich wohl den Kragen abgesoffen.« Dabei hatte er auch nicht mehr getrunken als andere, aber er hatte zu wenig Zink. Der Richard hatte Bauchspeicheldrüsenkrebs, inoperabel. Zum Schluss wog er gerade einmal 40 Kilo, war nur noch Haut und Knochen. Nicht zu glauben, dass so ein Mann wie ein Baum innerhalb von ein paar Monaten wegstirbt. Er hat furchtbare Schmerzen gehabt, und seine Frau ist erleichtert, dass er nun nicht mehr leiden muss.

Bernd, bei deiner Trauerfeier hat der Pfarrer auch gesagt, dass dein Tod eine Erlösung war. Und ich sollte dankbar sein, dass dir weiteres Leid erspart geblieben sei. Ach unsere Kinder, Verwandten und Nachbarn, alle meinen, ich könne froh sein, dass du nicht mehr leiden musst. Das sagt mir mein Kopf auch. Aber mein Bauch hat seinen eigenen Kopf.

Du, inzwischen weiß ich auch, dass du gegen diese Krankheit keine Chance hattest. Aber es hat lange gedauert, bis ich das erkannt habe. Nach der Diagnose haben die Ärzte uns auch Hoffnung gemacht und gesagt: »Das kriegen wir wieder in den Griff.« Nach der Operation ging es zunächst auch aufwärts. Und auch die Chemo hast du erstaunlich gut überstanden. Du warst fest davon überzeugt, dass du den Krebs besiegen würdest und alles wieder gut wird. »Ich schaffe das, ich schaffe das«, hast du gesagt und auch wir waren fest davon überzeugt. Du hast ja auch gekämpft wie ein Löwe. Und wenn es zwischendurch mal ein Tief gab, hast du dich wieder aufgerappelt und bist erneut auf die Beine gekommen. Erst ganz zum Schluss ist dir klar geworden, dass der Kampf nicht zu gewinnen ist. Da hast du dann die Hoffnung fahren lassen und dich aufgegeben. Du wolltest nicht mehr. »Lasst mich gehen. Ich will, ich kann nicht mehr«, hast du gesagt. Du warst mit deiner Kraft am Ende. »Bitte, lasst mich gehen.« Trotzdem hast du bis zum Schluss durchgehalten und bist dann am Ende doch noch friedlich eingeschlafen, ohne Schmerzen, ohne Todeskampf, ohne Schnappatmung, ohne all das, was ich mir so schrecklich vorgestellt hatte. Es war schön, wie du gegangen bist. An jenem Donnerstag, kurz nach drei Uhr nachmittags, hast du nochmal zweimal geatmet, und dann den Kopf zur Seite gelegt. Und ich bin so dankbar, dass ich dabei sein durfte.

Du hattest immer auf einen schnellen Tod gehofft. Aber es war ein langes, langsames Sterben, so wie du es gerade nicht gewollt hattest. Sieben Wochen lang lagst du da, mehr oder weniger abwesend. Du warst da und doch nicht mehr da. Wenn ich dich etwas gefragt habe, hast du schon die richtige Antwort gegeben. Aber wenn ich dann weiter mit dir gesprochen habe, hast du nichts mehr gesagt. Vielleicht wolltest du auch nicht mehr reden, weil es nichts mehr zu sagen gab. Du wusstest, dass deine Stunde immer näher rückt.

Trotzdem hätte ich so gerne gewusst, was in dir vorgeht, was du denkst, was du fühlst. Du schienst oft so weit weg, dass ich dich mit meinen Worten nicht mehr erreichen konnte. Doch vielleicht hast du gespürt, wie meine Hand dich gestreichelt hat. Mehr konnte ich auch nicht tun. Ich habe an deinem Bett gesessen und die Ohnmacht mit dir geteilt. Nichts machen zu können, das hat mich schier wahnsinnig gemacht. Wie oft hätte ich schreien können! Wie oft wäre ich am liebsten davon gelaufen, einfach weg, weit weg. Im Nachhinein bin ich natürlich froh, dass ich durchgehalten habe und du bis zuletzt daheim bleiben konntest, in deinem Bett, eingebettet in deiner vertrauten Umgebung. Ja, hinterher sieht manches anders aus, als wenn du *mittendrin* bist, und nicht weißt, wie lange es noch geht. Wie verzweifelt ich manchmal auch war, ich möchte diese Zeit nicht missen. Es hat mir viel gegeben, dich bis an die große Grenze zu begleiten. Ich hoffe, Bernd, ich konnte dir helfen, den letzten Schritt zu tun, den Schritt ans andere Ufer.

***

Über deine Todesanzeige wollte ich erst schreiben: *Gehofft, gekämpft und doch verloren!* Doch ich finde diesen Text so trostlos und er ist so auch nicht richtig. Du hast zwar mit aller Kraft gegen den aggressiven Krebs angekämpft und den Kampf verloren. Aber unsere Liebe zueinander hat an Tiefe gewonnen. Auf dem mühevollen Leidensweg sind wir uns noch einmal ganz nahe gekommen, näher als auf der breiten Straße des gesunden Lebens. Auf der letzten Strecke konnten wir gut miteinander reden, richtig reden. Durch die Krankheit bist du offener geworden, hast dich mehr und mehr geöffnet. Du konntest auch über das reden, was dir Angst macht. Wir haben Themen angesprochen, die bis dahin nie zur Sprache gekommen waren. Ich konnte dir auch noch einmal sagen, wie lieb ich dich habe. Das tat ausgesprochen gut. Ich bin dankbar, dass wir die uns verbliebene Zeit gut genutzt haben. Wie viel wir durch deine Krankheit auch verloren haben; sie hat uns auch Gewinn gebracht. Wir haben Einsichten gewonnen, die uns sonst verborgen geblieben wären. Du wirst sagen: Ich hätte gerne darauf verzichtet und wäre lieber wieder gesund geworden. Das verstehe ich. Und trotzdem kann ich deine Krankheit nicht nur negativ sehen. Denn auch wenn vieles nicht mehr ging, so war es doch schön, wie wir einfach miteinander auf dem Balkon gesessen sind und Blumen gesehen haben. Wir hatten Zeit füreinander und haben uns an den kleinen Dingen des Lebens gefreut. Deine Krankheit hat uns die Augen geöffnet für das, was wesentlich ist.

Dein Tod, Bernd, war auch eine Erlösung für mich. Ich war mit meiner Kraft am Ende. Ich war ja rund um die Uhr bei dir, habe kaum noch geschlafen. Einige haben mich gefragt, wie ich das geschafft habe, drei Wochen lang Tag und Nacht für dich da zu sein. Ich habe ihnen geantwortet: »Wenn der Mensch, den du liebst, dich braucht, dann kannst du das.« Dabei habe ich es oft kaum noch ausgehalten, dich so liegen und leiden zu sehen, zusehen zu müssen, wie du immer weiter abbaust, immer weniger wirst. Es hat dir auch wehgetan, deinen eigenen Verfall mitzuerleben. Du wolltest keinen Besuch mehr, was einige Verwandte und Freunde dir sehr übel genommen haben. Vielleicht werden sie dich verstehen, wenn sie eines Tages selbst bis zum Skelett abgemagert sind.

Nächste Woche ist schon dein dritter Todestag, aber ich habe dich immer noch nicht losgelassen. Dazu bist du mir zu sehr ans Herz gewachsen. Ich komme nicht los von dir. Ich suche die Orte auf, an denen du gerne warst. Immer wieder gehe ich zu der Stelle im Wald, die du am meisten geliebt hast. Wie oft sind wir dort zusammen auf der Bank gesessen! Aber allein kann ich mich nicht auf unsere Bank setzen. Nein, das schaffe ich nicht. Und trotzdem zieht es mich dorthin. Ist das nicht verrückt? Bin ich nicht richtig im Kopf? Ich koche auch noch deine Lieblingsgerichte, selbst wenn ich keinen Hunger habe oder nicht viel davon esse. Aber ich kann nicht anders. Ich kann nicht so tun, als seist du tot. Du bist noch überall dort, wo ich bin. Und in der Wohnung verfolgst du mich auf Schritt und Tritt. Alles erinnert mich noch an dich. Und wohin ich auch gehe, ich nehme dich überall mit. Immer wieder rede ich von dir, auch wenn manche das nicht mehr hören können. Mein Kopf sagt mir, dass ich dich loslassen soll, aber mein Herz hält dich immer noch fest, klammert immer noch.

***

Bernd, heute stand in der Zeitung über einer Todesanzeige: »Man sieht die Sonne langsam untergehen und erschrickt dann doch, wie dunkel es plötzlich ist.«[2] Diese Worte sind mir aus der Seele gesprochen. So ist es. Genauso ist es. Ich hätte nie gedacht, dass es nach deinem Tod so dunkel sein würde. Ich kann dir gar nicht sagen, wie sehr ich dich vermisse. Deshalb rede ich auch so viel mit dir. Und immer wieder habe ich das Gefühl, dass du mit mir reden willst. Manchmal denke ich, das kann doch nicht sein. Wie oft höre ich, wie du mich bei meinem Namen rufst: »Elke«. Und immer wieder machst du mir Mut: »Du schaffst es. Du hast doch die Kinder und die Enkel.« Das stimmt. Und ich habe sie auch sehr lieb, aber du warst es doch, der mir am nächsten stand. Wir brauchten einander nur anzuschauen und schon wussten wir, was der andere meint. Du warst mir so vertraut. Mit dir konnte ich über alles reden. Du warst mein Ansprechpartner. Du hast mir entsprochen. Ach Bernd, du fehlst mir so sehr. Es ist nicht nur, dass du nicht mehr da bist. Das Schlimmste aber ist: heimzukommen und keinen Gesprächspartner mehr zu haben. Da ist niemand mehr, mit dem du reden kannst, der dir zuhört.

Du weißt nicht, wie schlimm der erste Jahrestag war. Ein paar Wochen vorher habe ich schon alle Krankheiten bekommen, die man kriegen kann. Kopfweh, Durchfall, Gliederschmerzen. Und je näher der Tag gekommen ist, umso übler ist es mir ergangen. Ich habe alles noch einmal durchlebt, so wie es im Jahr zuvor war. Es war schrecklich. Aber eines tröstet mich, dass du erlöst bist. Immer wieder sage ich: Aber du, du musst nicht mehr leiden. Du bist erlöst!

37 Jahre lang haben wir Freud und Leid miteinander geteilt, sind Seite an Seite durch Höhen und Tiefen gegangen. Aber das tiefste Tief habe ich in der Zeit nach deinem Tod durchlebt. Zunächst ging es noch einigermaßen. Ich musste mich um die Beerdigung kümmern und hatte viel zu erledigen. Aber als dann alles vorbei war, bin ich in ein tiefes Loch gefallen. Die Kinder haben alles getan, mich da herauszuholen. Sie wollten, dass ich zu ihnen komme. Und auch unsere Freunde haben mich immer wieder eingeladen, aber ich habe abgelehnt. Ich wollte nur alleine sein, allein mit dir. Am liebsten wäre ich dir hinterhergegangen. Aber ob ich dann zu dir gekommen wäre?

Mit der Zeit habe ich mein Tief doch überwunden. Du hast mir dabei geholfen. Bei dir habe ich mich ausgeweint und du hast mich getröstet. Und einmal bist du nachts im Traum zu mir gekommen und hast mir gesagt: »Warum weinst du denn? Mir geht es gut. Ich will nicht zurück.« Dieser Traum hat mir gut getan. Seitdem geht es mir viel besser. Aber immer wieder werde ich von meiner Trauer eingeholt. Immer wieder überwältigt mich der Schmerz.

Vor allem an deinem Geburtstag, an unserem Hochzeitstag, an Weihnachten und ganz besonders in der Zeit von deinem Todestag. Da kommt alles wieder in mir hoch: meine Ohnmacht, meine Trauer, meine Liebe zu dir. Und da merke ich dann, Bernd, dass ich dich immer noch nicht losgelassen habe.

Vor kurzem traf ich eine Frau auf dem Friedhof und sie sagte mir: »Mein Mann ist vor 18 Jahren gestorben. Ich hatte geglaubt, dass ich ihn schon längst losgelassen hatte, aber heute bei der Beerdigung von meiner Schwägerin habe ich gemerkt, dass das gar nicht stimmt.« Du, ich hoffe nicht, dass ich so lange brauche. Trotzdem hat es mir gut getan, was die Frau gesagt hat und fühle mich verstanden.

Unser Stefan sagt mir immer wieder, dass ich nicht normal sei. »Andere trauern auch, aber doch nicht so. Das Leben geht weiter«, sagt er. Recht hat er, aber er weiß nicht, wie schwer es mir fällt, ohne dich weiterzuleben. Ich habe es bisher nicht einmal geschafft, deine Stimme auf dem Anrufbeantworter zu löschen. Manche erschrecken, wenn sie deine Stimme hören. Das kommt ihnen unheimlich vor. So, als ob du dich aus dem Jenseits melden würdest: »Hier spricht Bernd...«. Ich schaffe es aber nicht, deine Stimme zu löschen. Es ist das letzte, was mir von dir bleibt. Deine Stimme. Irgendwann werde ich sie löschen. Aber noch bin ich nicht so weit. Noch habe ich dich nicht losgelassen.

So wie du möchte ich auch glauben können

Du, Doris, ich sitze gerade hier am Frühstückstisch und schaue mir die Todesanzeigen an. Du hast morgens die Zeitung auch immer von hinten angefangen zu lesen. Wenn dir eine Traueranzeige aufgefallen ist, hast du sie mir vorgelesen. An eine kann ich mich noch gut erinnern: »Wer Übles redet über mich und die Meinen, der gehe nach Hause und betrachte die Seinen. Findet er an ihnen kein Gebrechen, kann er frei von mir und den Meinen sprechen.« Ganz mutig die Todesanzeige der Eltern, deren Sohn in den Neckar gegangen war.

Über manche Traueranzeigen konntest du nur den Kopf schütteln. »Unfassbar für uns alle hat uns unser geliebter Vater und Opa im Alter von 91 Jahren völlig unerwartet verlassen.« »Nicht zu fassen«, hast du gesagt. »Die fassungslosen Angehörigen haben sich wohl nie damit befasst, dass jedes Herz einmal zu schlagen aufhört. Und was heißt: völlig unerwartet verlassen? Im Alter von 91 Jahren. Dann hat der Gute die Lebenserwartung der Männer bald um zwanzig Jahre übertroffen. Die Familie ist wohl von allen guten Geistern verlassen, so etwas zu schreiben: Verlassen. Als ob er sie im Stich gelassen hätte. Dabei ist er doch nur den Weg gegangen, den alle gehen.« Das war damals dein Kommentar. Ein anderes Mal hast du dich maßlos aufgeregt, als da stand: Unverhofft bei einem Autounfall ums Leben gekommen. »Wer hat denn heimlich gehofft, dass dieser Mensch auf der Strecke bleibt? Seine Erben?«

Und erinnerst du dich noch an diesen Walter? »Er war zu gut für diese Welt!« – »Mein Gott, Walter«, hast du gesagt. »Zu gut für diese Welt. Die Welt ist doch gar nicht so schlecht, wenn man die Todesanzeigen liest. Lauter treusorgende Väter, aufopferungsbereite Mütter, herzensgute, immer hilfsbereite Kolleginnen und Kollegen ... Oder ist die Welt so schlecht, weil die Guten von uns gehen?!«

Zuweilen haben wir zusammen auch gelacht. »Meine Frau hat den Herrgott zu sich gerufen.« – »Alle Menschen müssen sterben. Vielleicht auch ich.« Oder: »Ab heute ist im Himmel Damenwahl.«

Doris, die Todesanzeigen zeigen, dass der Tod immer privater wird. Wie oft steht da: »Wir haben im engsten Familienkreis Abschied genommen.«?! Du weißt, als wir noch Kinder waren, ist der ganze Ort noch hinter dem Sarg zur Kirche gegangen. Das Begräbnis war ein öffentliches Ereignis. Auch die Einstellung zum Tod hat sich verändert. Früher galt der Tod als Übergang ins Jenseits. Heute heißt es: »... ist tot.« – »... hat sich vom Acker gemacht.« Oder ganz einfach: »Aus die Maus.«

Du hattest deine Todesanzeige selbst vorbereitet. Ich brauchte nur noch das Datum auszufüllen. »... ist nach einem erfüllten Leben heimgegangen.« Ja, so war es. Voller Zuversicht bist du von dieser Welt gegangen. Du bist so gestorben, wie du gelebt hast: In vollstem Vertrauen auf deinen guten Hirten. »Auch wenn ich gehe im finsteren Tal, ich fürchte kein Unheil; denn du bist bei mir, dein Stock und dein Stab, sie trösten mich.« Dieser Vers aus Psalm 23 waren für dich keine leeren Worte, du hast diesen Trost erfahren.

Dein Gottvertrauen hat dich durch das Leben getragen, dir auch in schweren Stunden Halt gegeben. Auch im tiefen Tal der Tränen hast du dich nicht allein gefühlt. Immer und überall hast du Gottes starke Hand gespürt, die dich führt. Er hat dich auch auf dem Weg durch die Trauer um unseren Norbert begleitet. Dabei hat es dir als Mutter sicher noch mehr wehgetan als mir, unser einziges Kind zu verlieren. Und trotzdem bist du über diesen Verlust viel besser hinweggekommen als ich. Unser Norbert starb auf dem Operationstisch. Mit einem Schlag waren alle unsere Hoffnungen wie Seifenblasen geplatzt. »Es war nicht machbar«, versuchte der Arzt uns schonungsvoll beizubringen, was geschehen war. »Es war nicht machbar.« – »Nur einer ist Herr über Leben und Tod!«, hast du ihm geantwortet. Während ich an meiner Trauer fast zugrunde gegangen bin, hast du Trost in deinem Glauben gefunden. Bedingungslos hast du dich Gottes Führung anvertraut. Ich tue mich immer noch schwer mit diesem guten Hirten, dem ich folgen soll. Ich bin kein Schaf, eher ein Bock. Ich bleibe hängen im Gestrüpp der Fragen und Zweifel.

Du kanntest keine Zweifel. Du hast gespürt, dass er dir immer ganz nahe ist. Und du hast gewusst, dass er mit dir auch durch das Dunkel des Todes geht und dich ins Licht führt. Du hattest überhaupt keine Angst vor dem Tod. Im Gegenteil. Du hast dich gefreut und gesagt: »Ich werde die erste sein, die unseren Norbert wiedersieht.« Du hast das nicht geglaubt, nein, du warst dir ganz sicher, dass es so kommen wird. Um diese Gewissheit, diese innere Sicherheit habe ich dich beneidet. Für dich stand fest: Der Tod ist der Übergang in die andere Welt. Vorher hattest du noch gebeichtet und die letzte Ölung bekommen. Die hat dich gestärkt. Und die Kommunion war deine Wegzehrung. Du warst bestens vorbereitet für das »Übergangleín«, wie du den Schritt über die letzte Schwelle genannt hast.

In den letzten Tagen hast du noch mehrmals das Lied »Großer Gott, wir loben dich« gesungen, obwohl du einen starken Schluckauf hattest. Du kanntest die Strophen auswendig. Und auch das Lied »So nimm denn meine Hände« hast du mehrmals noch angestimmt. Du weißt nicht, wie mir das unter die Haut gegangen ist! ... »Lass ruhen zu deinen Füßen dein armes Kind, es will die Augen schließen und glauben blind.«[3] Du konntest blindlings glauben. Wenn du wüsstest, wie oft ich dich um deinen kindlichen Glauben beneidet habe! Dein unerschütterliches Gottvertrauen hat dich ganz gelassen gemacht, weil du ihm alles überlassen hast. »Er wird's wohl machen!«, hast du gesagt. Ach, könnte auch ich mich im Angesicht des Todes noch so gehalten und getragen wissen, dass ich auf dem Sterbebett noch singen kann.

Doch dazu ist mein Glaube viel zu klein und meine Skepsis viel zu groß. Du hast meine Zweifel nicht verstanden und gesagt: »Du glaubst nur an das, was sich beweisen lässt. Aber es gibt mehr, viel mehr als was wir Menschen erklären können. Es gibt mehr als wir sehen.« Ja, das stimmt. Und niemand kann beweisen, dass Gott nicht existiert. Trotzdem fällt es mir schwer, an einen persönlichen Gott zu glauben, der sich um uns Menschen hier auf Erden kümmert. Was ist denn die Erde? Nicht einmal ein Staubkorn im Universum.

»Ich brauche keine Beweise«, hast du gesagt. »Ich weiß, dass mein Erlöser lebt.« Das hat dir genügt. Deshalb war nur logisch, dass du für deine Beerdigung das Lied »Christ ist erstanden« gewünscht hast. Deine Trauerfeier war eine Auferstehungsfeier. An Ostersonntag hast du alle Leute – ob sie es hören wollten oder nicht – begrüßt mit »der Herr ist auferstanden – er ist wahrhaftig auferstanden«. War mir das peinlich...

***

Obwohl du, Doris, dir so sicher warst, dass dir auch im Tod nichts passieren kann, hast du Angst gehabt, nicht richtig tot zu sein. Du hattest eine panische Angst vor dem Scheintod. Und darum habe ich versprechen müssen, dir ein Glöckchen mit in den Sarg zu geben, damit du klingeln kannst. Du hättest sehen sollen, wie du da lagst, mit deinem Glöckchen in den Händen. Ja, es wäre schön gewesen, wenn es noch ein Klingelingeling gegeben hätte. Aber ich kann dich beruhigen, Doris, du warst richtig tot. Früher hat es den Scheintod tatsächlich gegeben. Man sagt, dass die Angehörigen Tag und Nacht ein Licht brennen ließen, damit die zum Leben erwachte Person wieder heim finde. Als du gestorben warst, habe ich auch gleich das Fenster geöffnet, damit deine Seele ins Licht gehen kann – wie du gesagt hast. Ich halte zwar nicht viel davon, aber dir zuliebe habe ich es getan.

Und dann muss ich dir noch etwas erzählen, was mir noch immer zu denken gibt: Als du gestorben warst, ist meine sonst immer so zuverlässige Quarzuhr stehen geblieben. Schon merkwürdig. Eigentlich ist es auch merkwürdig, dass ich mit dir spreche. Denn du bist ja tot. Und trotzdem rede ich mit dir, als wärst du noch da. Ganz schön unvernünftig für einen Mann, der immer so vernünftig sein will. Und ich pflanze auch deine Lieblingsblumen auf deinem Grab in der Hoffnung, dass du sie siehst und dich ihrer erfreust. Ich weiß, das ist schon ein wenig verrückt. Aber alles, was wir auf dem Friedhof tun, verrückt die Realität.

»Lohnt es sich denn?«, fragt der Kopf. »Nein, aber es tut so gut«, antwortet das Herz. Ja, es tut mir gut, dein Grab zu pflegen. Mit meinen Blumen sage ich dir, dass ich an dich denke. Die Grabpflege ist so etwas wie mein letzter Liebeserweis. Und wenn ich an deinem Grab bin, habe ich das Gefühl, dass ich dir näher bin, als wenn ich daheim an dich denke. Am Grab fühle ich mich dir ganz nahe. Auch wenn ich weiß, dass du nicht hier im Grab bist. Trotzdem ruht hier das, was von deinem Körper übrig geblieben ist. Deine Überbleibsel, auch Überreste genannt. Der Friedhof ist schon ein ganz besonderer Ort. Von diesem traurigen Ort geht auch ein großer Trost aus. Es tut gut, zu sehen, dass am Ende alle gleich sind. Jegliche Unterschiede, die es im Leben gegeben hat, sind behoben. Auch der Steinreiche liegt unter einem Stein im Reihengrab. Keiner tanzt aus der Reihe. Verdienstorden, Medaillen, Titel spielen keine Rolle mehr. Das Spiel ist ausgespielt. Das Gerede und Gequatsche hat ein Ende. Endlich. Hier spricht die Stille, die Totenstille. Kein Laut, kein Wort, nur Vogelgezwitscher. Und auch die Blumen haben einiges zu sagen. Auf den Gräbern blühen sie vergebens, heißt es. Sicher wären mache zu Lebzeiten froh gewesen, die Blumen bekommen zu haben, die nun ihr Grab zieren. Die schönen Blumen können Ausdruck des schlechten Gewissens sein. Aber die Blumen sind doch auch ein Zeichen, dass die Liebe über den Tod hinausgeht.

Irgendwie ist es tröstlich, dass Blumen und Pflanzen gerade an dem Ort blühen, der unser Verwelken eindringlich vor Augen hält. Wie trostlos wäre die Totenstadt, wenn sie aus toten Steinen bestünde? Und auch die kleinen Lichtlein auf den Gräbern geben Trost, wärmen leuchtend in unser Herz hinein.

***

Du, Doris, was meine eigene Todesanzeige betrifft, habe ich mich für das Eisenbahngleichnis von Erich Kästner entschieden. »Wir sitzen alle im gleichen Zug und reisen quer durch die Zeit. Wir sehen hinaus. Wir sahen genug. Wir fahren alle im gleichen Zug. Und keiner weiß, wie weit.«[4] Wie wahr. Wie viele müssen plötzlich und unerwartet aussteigen. Der Tod kennt keinen Kalender. Du warst zwei Jahre jünger als ich und bist trotzdem vor mir gegangen. Und unser Norbert war erst 39 und musste schon aussteigen. Ja, so ist es. Und keiner weiß, wie weit er mitfahren kann im Zug der Zeit.

Du bist auf der Fahrt durchs Leben nicht auf deinem Platz sitzen geblieben. Du bist auf die Mitreisenden zugegangen, hast dich um einzelne gekümmert, die allein da saßen und einsam waren. Du hast Kontakt gesucht mit den Fremden, die froh waren, dass sie in unserem Abteil einen Stehplatz gefunden haben.

Ja, seit drei Monaten sitze ich nun allein da. Dein Platz ist leer. Es bleibt die Erinnerung an unsere gemeinsame Fahrt. Da gibt es so vieles, was sich tief in mir verinnerlicht hat. Was ich natürlich niemals vergessen werde ist, dass deine Eltern unserer Ehe erst dann zustimmen wollten, wenn ich schwimmen gelernt hatte. Du weißt ja, ich war als Kind mal am Wehr in der Jagst vom Autoreifen gefallen und kurz unter Wasser geraten. Seither hatte ich Panik vor Wasser und lernte natürlich auch nie schwimmen. Deine Eltern argumentierten sehr pragmatisch und gescheit: »Ja, wenn ihr dann mal Kinder bekommt und eins fällt ins Wasser, kannst du es als Vater nicht mal retten – und es ertrinkt. Solange du nicht schwimmen kannst, darfst du unsre Tochter nicht heiraten.« Du, Doris, hast alles dafür getan, dass ich schwimmen lernte und so »durfte« ich dich dann heiraten. Unser Norbert konnte auch schwimmen und ich habe ihn niemals retten müssen. Inzwischen war ich schon lange nicht mehr im Wasser, aber manchmal drohe ich unterzugehen in meiner Trauer. Die zieht mich zuweilen ganz schön tief nach unten. Ach, Doris, hätte ich doch auch deinen Rettungsring, dann könnte ich so gefasst und friedlich wie du über den Jordan gehen. Und wenn ich dann am anderen Ufer auftauche, wirst du sehen, dass ich kein Glöckchen bei mir habe.

Von dir konnte ich nicht Abschied nehmen

Jürgen, du hast heute Geburtstag. Das heißt: Du hattest. Ja, ich muss immer noch lernen in der Vergangenheit zu reden. Denn die Gegenwart ist vergangen, kehrt nie wieder. Auch wenn ich immer noch nicht so richtig glauben kann, dass du wirklich für immer gegangen bist.

29 Jahre wärst du heute geworden. Ich habe dir heute Vormittag ein paar Blumen ans Grab gebracht. »Herzlichen Glückwunsch« kann ich schlecht sagen. »Herzliches Beileid« passt auch nicht. Vielleicht möchtest du gar nicht mehr zurück auf die Erde und bist ganz glücklich, dort, wo du jetzt bist. Ja, wo bist du jetzt? Wenn ich das nur wüsste.

Heute vor 29 Jahren habe ich dich abends um zehn Uhr auf die Welt gebracht. Es war eine schwere Geburt. Insgesamt habe ich vier Stunden gebraucht, um dich zur Welt zu bringen. Aber als ich dich dann in meinen Armen hielt, waren die schrecklichen Wehen und Schmerzen vergessen.

Und wie hast du mich als Baby schon angelacht! Über dein ganzes Gesicht hast du gestrahlt. Du warst mein Sonnenschein. Dein Lachen war so frisch und echt. Es kam aus deinem tiefsten Innersten. Deine Fröhlichkeit und Unbekümmertheit waren ansteckend. Wo du warst, ging allen das Herz auf. Du hast jedem gut getan.

Jürgen, du warst es, der mir geholfen hat, den schmutzigen Scheidungskrieg zu überstehen. Ach, für euch Kinder war das eine schlimme Zeit. Völlig unvorbereitet traf euch die neue Lebenssituation. Nachdem dein Vater uns verlassen hatte, hast du mich jeden Morgen und jeden Abend gefragt, ob dein Papa heute zurückkommt. Und jedes Mal musste ich antworten: »Nein, der Papa kommt heute nicht zurück.« »Dann aber morgen!«, hast du gesagt. Und am nächsten Tag hast du morgens beim Frühstück wieder gefragt: »Mama, kommt heute der Papa zurück?« Und jedes Mal musste ich dich enttäuschen. Eines Tages hast du dich vor die Tür gesetzt und voller Trotz gesagt: »Ich bleibe so lange hier sitzen, bis mein Papa wieder da ist.« Ja, damals war ich auch wütend auf deinen Papa, der uns drei wegen einer anderen hat sitzen lassen.

Wenn er damals gestorben wäre, hätte mir das nicht so wehgetan als ihn an eine andere zu verlieren. Und dann hat er sich noch vor den Unterhaltszahlungen gedrückt. Und du wolltest immer Schokolade, wie die anderen Kinder. Aber dafür hatte ich doch kein Geld. Nein, auch wenn ich möchte, kann ich ihm immer noch nicht verzeihen, was er uns angetan hat. Die Wunde blutet immer noch. Bei deiner Trauerfeier saßen er und ich vorne in der ersten Reihe. Ich auf der einen und er auf der anderen Seite. Dein Sarg stand in der Mitte, zwischen uns beiden. Das hat mich so an deine Konfirmation erinnert. Da hast du auch nicht gewusst, wo du hingehörst. Nach dem Gottesdienst standst du buchstäblich zwischen meiner Familie und seiner Clique. Zuerst bist du mit uns zum Mittagessen mitgekommen. Nachmittags bist du dann zum Kaffee und Kuchen zu den anderen gegangen. Beim Kaffee nach deiner Trauerfeier saßen wir auch nicht beieinander. Wir haben zwar anstandshalber ein paar Worte miteinander gewechselt, aber das war auch alles. Ach, wir hätten einander noch so viel zu sagen, doch dazu war es längst zu spät.

***

Jürgen, nach deinem Tod fühle ich mich richtig einsam. Solange du noch gelebt hast, war alles noch ganz anders. Jetzt kann ich dich nicht mehr drücken, nicht mehr mit dir lachen, nicht mehr mit dir telefonieren. Jetzt sagt niemand mehr *Mama* zu mir. Du weißt nicht, wie sehr mir das fehlt. Du warst der letzte, der mich *Mama* genannt hat. Und nun habe ich auch dich verloren – zwei Jahre nach Gabys Tod.

Gaby war sehr schwer krank. Du weißt, was sie hatte. Sie war nur noch Haut und Knochen und das mit 32 Jahren. Es hat mir so wehgetan, sie so liegen und leiden zu sehen. Und dann dieses Röcheln. Ich konnte es nicht mehr hören. Wenn eine Mutter den Herrgott bittet, ihr Kind zu holen, dann sagt das alles.

Und das habe ich getan: »Bitte, bitte, Herr, hol Gaby doch zu dir!« Gaby ist elend gestorben, ja, sie ist krepiert. Und trotzdem war das mit dir viel schlimmer. Über deinen Tod komme ich nicht hinweg. Von dir konnte ich nicht Abschied nehmen.

Im Krankenhaus wurde mir zwar auch nicht viel Zeit gelassen, um mich von Gaby zu verabschieden. Das Bett musste wieder belegt werden. Aber in den letzten Wochen vor ihrem Tod konnte ich ihr doch noch meine Liebe zeigen. Ich konnte mit ihr reden, ihr auch noch etwas Liebes sagen. Manchmal habe ich sie auch nur ein wenig gestreichelt. Und beim Weggehen habe ich mich jedes Mal verabschiedet, als sei es das letzte Mal. Jeden Tag hat Gaby sich einen Schritt weiter von mir entfernt. Und als sie dann gegangen war, konnte ich sie auch gehen lassen. Und ich war dem Herrgott so dankbar, dass er mein Gebet erhört und sie zu sich genommen hatte.

Nach Gabys Tod warst du mein Ein und Alles. Du hast mir geholfen, die Trauer zu tragen. Du warst sehr feinfühlig und hast immer gespürt, wann ich mit dir reden möchte. Manchmal habe ich nur noch geweint und du hast mich gehalten.

Jürgen, ich kann dir gar nicht sagen, wie viel Angst ich hatte, auch dich noch zu verlieren. Allein an Ostern sind in diesem Jahr zwölf Motorradfahrer tödlich verunglückt. Ich weiß, du warst kein Raser, aber trotzdem hatte ich immer eine wahnsinnige Angst. Ich habe sie unterdrückt, aber nachts ist meine Angst im Traum hochgekommen – schon lange bevor du auf der Strecke bliebst. Schreiend bin ich jedes Mal aufgewacht. Und in der Nacht, vor der du verunglückt bist, hatte ich auch diesen schrecklichen Alptraum. Und als es dann wirklich passiert war, habe ich gedacht: Du träumst! Es ist nur ein böser Traum. Jürgen ist nicht tot. Er wird jeden Moment zur Tür hereinkommen. Und auch wenn ich an deinem Grab stehe und deinen Name sehe, denke ich manchmal immer noch: Das ist nicht wahr. Das darf doch nicht wahr sein!

***

Jürgen. Immer wieder habe ich deinen letzten Tag vor Augen. Es war der Dienstag. Wir hatten zusammen noch zu Mittag gegessen. Du hattest noch gesagt: »Mama, ich komme um halb acht und bringe dir die Getränke hoch.« Und dann hat es nachmittags um halb fünf an der Tür geklingelt. Zwei Polizisten haben mich gefragt, ob ich die Mutter von Jürgen sei. Ich wusste gleich, was passiert war. Ich hatte es ja mehrmals geträumt. Trotzdem konnte ich es nicht glauben. Ich war in Trance, stand unter Schock. Es hat lange gedauert, bis ich angefangen habe, die absolute Endgültigkeit zu verstehen. Nie wieder wirst du bei mir sein. Du warst für immer davon gefahren – mit deiner Kawasaki. Dieses Motorrad, an dem dein Herz so hing, ist dir zum Verhängnis geworden. Motorradfahren, deine große Leidenschaft, hat bitteres Leid über deine Lieben gebracht. Das ist tragisch. Tröstlich ist trotzdem, dass du bis zum letzten Augenblick deines Lebens das getan hast, was du am liebsten tatst: Motorrad fahren. Du warst völlig unschuldig an dem Unfall. Der Mann, der dir entgegenfuhr, hatte nicht gesehen, dass du abbiegen wolltest. Das hat mich zunächst wütend gemacht. Aber wenn ich am Steuer sitze, bin ich manchmal auch ganz woanders. Ich glaube, so etwas kann jedem passieren. Und auch für den

Unfallverursacher ist es ganz schwer, ein Menschenleben auf dem Gewissen zu haben. Bei der Verhandlung hat er gesagt, es tue ihm aufrichtig leid. Nach dem Unfall war er acht Monate in psychologischer Behandlung. Ihm wurde der Führerschein für ein Jahr entzogen und er musste 5.000 Euro *Schmerzensgeld* zahlen, als ob der Verlustschmerz mit Geld zu begleichen wäre.

Dein Tod, Jürgen, hat mich viel schwerer getroffen als der von Gaby. Nicht, dass ich sie weniger geliebt hätte. Nein, das ist es nicht. Aber ihre Krankheit führte unvermeidbar zum Tod. Dagegen wäre dein Unfall vermeidbar gewesen. Es wäre nichts passiert, wenn der Mann besser aufgepasst hätte. Ein paar Sekunden früher oder später wäre es wohl nicht zu dem Zusammenstoß gekommen. Du warst am falschen Moment am falschen Ort. Das war dein Pech. Und was deinen Tod für mich so unendlich schwer macht: Kein Abschied. Einfach weg. Weggerissen von meiner Seite, entrissen. Auf einmal wäre noch so viel zu sagen ... Auf einmal wäre noch so viel zu fragen ... Doch auf einmal ist es zu spät.

***

Jürgen, du glaubst nicht, was für blöde Sprüche manche Leute auf Lager haben. Statt dass sie Trauernde trauern lassen, glauben sie, dich trösten zu müssen. Verstehen sie denn nicht, dass es beim Tod eines geliebten Menschen keinen Trost gibt? Da gibt es nicht die richtigen Worte. Da ist jedes Wort eines zu viel.

Mehr als Worte sagt ein Lied: »Nur die Besten sterben jung«, haben die Böhsen Onkelz bei deinem Abschied lautstark durch die Trauerhalle geschrien. »Nur die Besten sterben jung.« Und die Frage ist: Warum? Dein Freund Klaus wollte dir dieses Lied zum Abschied schenken. Du warst für ihn der Beste. Heute Abend kommt Klaus wie auch schon im letzten Jahr zu mir und anschließend fährt er mit einigen Kumpeln zum Friedhof. An deinem Grab zünden sie Teelichter für dich an. Und wenn die Kirchenglocke dann zehn Uhr schlägt, öffnet Klaus eine Flasche Sekt und stößt mit den anderen auf dich an. Den Rest der Flasche leert er dann auf dein Grab: »Jürgen, das ist für dich!«

***

Dieses Jahr ist es an deinem Geburtstag eine klare Nacht. Der Mond scheint so hell und die Sterne stehen am Himmelszelt. Aber ich schaue auch sonst des Öfteren hinauf zu den Sternen. Die Sterne mögen noch so weit weg sein, sie bringen dich mir näher. Ich habe das Gefühl, dass du durch irgendeines dieser kleinen Fenster zu mir hinunterschaust und so Verbindung mit mir hältst. Mit dem Kleinen Prinzen höre ich dich sagen: »Und wenn du bei Nacht zum Himmel schaust, wird es dir sein, als lachten alle Sterne, weil ich auf einem von ihnen wohne, weil ich auf einem von ihnen lache.«[5] Ja, du hast gut lachen, während mein Herz immer noch voller Trauer ist. Trotzdem begleitet ein Lächeln meine Tränen, wenn ich zum Himmelszelt hinaufschaue und sehe, dass dein Licht drüber weiter leuchtet. »Du allein wirst Sterne haben, die lachen können.«[6] Manchmal sehe ich dich auf einem Stern sitzen und höre dich laut lachen.

Mein lieber Jürgen! Heute Abend um 10 Uhr werde ich ganz besonders zum Himmelszelt hinaufschauen. Vor 29 Jahren habe ich dich geboren. So gerne hätte ich deinen Geburtstag mit dir gefeiert. Trotzdem stoße ich mit dir an. Der Piccolo steht schon im Kühlschrank. Und ich werde auch heute Abend wieder zum Himmel hinaufschauen. Sterne trinken, nennen das Chinesen. Ja, ich nehme jeden Abend einen kräftigen Schluck Himmel zu mir. Und manchmal denke ich an die Geschichte, die ich dir als Kind einmal vorgelesen habe. »Woher kommen die Sterne?«, fragte ein kleiner Junge einen alten Indianer. »Der große Gott hat mit einer Nadel Löcher in das Himmelszelt gestochen«, antwortete der alte Mann. »Warum hat er das getan?«, wollte der Junge wissen. »Damit die Menschen ein wenig vom goldenen Glanz des Himmels sehen können«, sagte der alte Indianer. »Wie Schade, dass der große Gott die Löcher nicht größer gemacht hat.«[7] – Ja, es ist schade, dass wir von hier unten nicht mehr sehen können. Denn die kleinen Lichter am Firmament zeigen mir ein ganz klein wenig vom goldenen Glanz der anderen Welt. Und so schaue ich in dunkler Nacht immer wieder hinauf zu dir, im Vertrauen auf die tröstlichen Worte von Tschechow: »Wir werden Frieden finden. Wir werden den Engeln lauschen und den Himmel sehen, funkelnd von Diamanten.«[8]

Mutter, du fehlst mir

Mutter, ich denke oft an dich, obwohl du nun schon mehr als fünfzehn Jahre von uns gegangen bist. Dein Abgang war ein starkes Stück. Nach dem Abendbrot sagtest du: »Das war das letzte Mal. Ich werde niemals mehr essen.« Zwei Stunden später warst du tot. Von deinen Kindern war niemand mehr bei dir. Aber dann wärst du vielleicht schwerer gestorben.

Inzwischen denke ich oft auch daran, wie es bei mir am Ende sein wird. So wie du möchte ich den Löffel auch abgeben. Denn ich weiß ja, wie lange viele andere oft leiden und wie schwer der Weg bis zum Tod zuweilen ist. Da kann ich nur dankbar sein, dass du so hast gehen dürfen und wir dich so lange Jahre in guter Gesundheit bei uns haben durften. Fast bis zur Vollendung des hundertsten Lebensjahres. Und immer noch hast du dich nicht alt gefühlt. Die Alten, das waren die anderen. Als ich dich mit 90 Jahren fragte, warum du nicht zum Seniorennachmittag gehst, hast du geantwortet: »Ach, Junge, das ist doch etwas für alte Leute!« Mit meinen 75 Jahren fühle ich mich auch noch viel zu jung für den Altennachmittag. Dabei weiß ich schon, dass ich das nötige Alter habe. Du wirst sagen: »75 ist doch noch kein Alter.« Ja, seit bald fünfzig Jahren höre ich bei jedem Geburtstag diesen Spruch: »Das ist doch noch kein Alter.« Schon lange frage ich mich: Wann fängt das Alter eigentlich an?

Du hast mit 75 noch 25 Jahre lang gelebt, noch ein Vierteljahrhundert. Aber ich weiß nicht, ob ich das auch möchte. Denn meine Gesundheit lässt allmählich nach. Und die Einschüsse kommen immer näher. Ein Besuch im Seniorenheim macht mir Angst. Wenn ich sehe, was da alles noch auf mich zukommen kann. Aber vielleicht habe ich deine guten Gene, und bleibe verschont.

***

Im Krieg schwanger zu sein war sicher sehr schwer. Von froher Erwartung kann da wohl kaum die Rede gewesen sein. Und wenn es damals schon die Pille gegeben hätte, hätte ich das Licht der Welt wohl nie erblickt. Und Abtreibung? »Ach Junge«, höre ich dich sagen, »an so etwas durften wir damals nicht einmal denken.«

Als du mich am 11. Februar 1943 zur Welt brachtest, warst du – erst – 41 Jahre. Mehr als drei Jahre später gebarst du unseren Henri. Heute sind Frauen mit 35 offenbar schon zu alt zum Kinderkriegen und gehen eine Risikoschwangerschaft ein. Du wolltest, dass ich Paul heiße, aber bevor mein Papa aufs Rathaus ging, um mich anzumelden, machte er erst einmal eine Kneipentour mit unserem Nachbarn Jan durch die Lepelstraat. Danach muss er beim Standesbeamten wohl die Apostel Petrus und Paulus verwechselt haben, denn ich bekam den Namen Petrus. Von Paul keine Spur. Da hast du Papa die Leviten gelesen und bist zum Rathaus gegangen, um aus dem Petrus einen Paul zu machen. Aber eher wird aus einem Saulus ein

Paulus. So blieb mein Name im Ausweis weiterhin Petrus, aber alle haben mich Paul genannt. Aber als ich dann ins Gefängnis ging, dachte ich an den heiligen Petrus mit den Schlüsseln und war Papa dankbar für seine krumme Tour durch die Lepelstraat. Wenn ich diese Geschichte erzähle, lachen die Leute. Und wenn ich dann noch sage, dass ich der Sohn eines Zöllners bin ...

Und jedes Mal, wenn du wieder einmal Butter in Holland gekauft und sie unter deinem Rock auf dem Fahrrad über die Grenze geschmuggelt hast, gab es einen Riesenkrach zuhause. Doch darüber kannst du inzwischen wohl auch lachen.

***

Du hattest schon drei Kinder geboren. Dein erster Jan starb 1938, als er acht Monate war. Was hat der Pfarrer damals bei der Beerdigung gesagt: »Der Herr hat es gegeben, der Herr hat es genommen, gepriesen sei der Name des Herrn!«?

Im Krieg gab es öfters Bombenalarm. Da musstest du bei jedem Sirenenalarm mit Liesbeth und Jan und mit mir im dicken Bauch in den Luftschutzkeller. Und auch nach meiner Geburt musstest du nachts noch oft mit mir im Arm die Treppen hinunter und bist mit unseren Nachbarn im Keller gesessen, voller Angst. Während ich zu den Glücklichen gehöre, die niemals einen Krieg miterlebt haben. Ich weiß auch nicht, was Hunger leiden bedeutet. Zwar waren es nach dem Krieg nur magere Jahre, aber alles in allem habe ich im Vergleich zu dir doch ein viel schöneres Leben gehabt.

Mutter, weil du tot bist, brauche ich von dir nicht nur gut zu reden. Du hattest auch weniger gute Seiten. Wie abfällig du manchmal über andere gesprochen hast, hat mir nicht gefallen. Du warst die »Madame Ceelen«, hast dich für etwas Besseres gehalten. Durch deine direkte Art hast du auch uns manchmal verletzt. Und eine Entschuldigung habe ich von dir nie gehört. Du hast immer gesagt, was du denkst. Und auch ich nehme kein Blatt vor den Mund. Drum herum reden habe ich von dir nicht gelernt. Meinen guten Appetit habe ich dir auch zu verdanken. Mir schmeckt es immer. Besonders gern esse ich Speck mit Eiern. Hmmmh lecker! Da denke ich an dich und sehe die Pfanne auf dem Tisch stehen. Du hast mindestens drei Mal in der Woche morgens Speck mit Eiern gegessen. Deinem Cholesterin hat es nicht geschadet oder das gab es zu deiner Zeit noch nicht. Ich habe dich nie krank gesehen. Du hast in deinem ganzen Leben keine zehn Tabletten geschluckt. Du warst eine starke Frau. Du hast dich um die Kranken gekümmert und früher die Toten in unserer Straße gewaschen. Du hast auch Opa und Oma bis zum Tod gepflegt. Und das mit vier Kindern. Und auch unser Papa ist daheim gestorben. Danach hast du noch fast dreißig Jahre gelebt und bist allein ganz gut klar gekommen. Bis 85 bist du noch Fahrrad gefahren. Ja, Mutter, du warst eine starke Frau, hattest einen eisernen Willen. Du hießt ja auch Wille-kens mit Mädchennamen. Du hast mir vorgelebt, was ein starker Wille alles vermag. Klagen habe ich dich nie gehört. Unzählige Male hast du uns gesagt: »Nicht klagen, sondern tragen und beten um Kraft!« Der Satz ist mir beigeblieben. Bis heute.

***

Der Tod von deinem zweiten Jan hat dir schier das Herz gebrochen. Er war erst 23, als er als Pilot abstürzte. Es war am 7. Mai 1962, an einem Montag. Du hast sonst jeden Montag die Wäsche mit der Hand gewaschen, aber an diesem Tag ging es dir gar nicht gut. Du bist im Sessel gesessen und hast gefühlt, dass etwas ganz Schlimmes geschehen wird. Und als dann nachmittags an unserer Haustür geklingelt wurde und du die beiden Uniformierten stehen sahst, hast du gleich Bescheid gewusst: »Sie brauchen mir nichts zu sagen. Unser Jan ist abgestürzt.« Das waren deine Worte. Deine Vorahnung hatte dich nicht getäuscht. Nun hattest du deinen zweiten Jan verloren. Ich war damals 19. Es hat lange gedauert, bis ich verstanden habe, dass mein großer Bruder für immer von uns gegangen war und er niemals mehr zurückkommen würde. Du weißt ja, Jan kam jeden Samstag zu uns. Und jedes Mal, wenn ich samstags die Tür im Wohnzimmer aufgehen sah, dachte ich, jetzt kommt unser Jan herein.

Über Jans Tod bist du nie richtig hinweggekommen und hast immer wieder von ihm geredet. Oft hast du erwähnt, was Jan gesagt hat: »Über den Wolken ist kein Himmel zu sehen.« Das hat dich tief getroffen. Denn von

Kindesbeinen an hattest du gelernt, dass *oben* der Himmel war. Du fühltest dich betrogen und hast gesagt: »Das haben die Pfarrer uns alles nur weisgemacht!« Dabei hattest du lange Zeit eine sehr hohe Meinung von den hochwürdigen Herren und hättest gerne gehabt, dass ich Priester geworden wäre. Gott sei Dank habe ich dir diesen Gefallen nicht getan. Denn ohne Frau und Kinder wäre ich unglücklich geworden. Und du weißt doch auch, dass ich zum Zölibat nicht berufen bin.

Mein Gott, wo ist die Zeit geblieben, dass du mich morgens im Dunkeln ein Stück weit zur Kirche begleitet hast, als ich dort die Frühmesse um 6:30 Uhr zu ministrieren hatte.

***

Mutter, ich habe zwar schon einige hundert Trauerreden gehalten, aber an deinem Sarg habe ich um die richtigen Worte ringen müssen. Ein Teil von mir stirbt mit dir. Ich trage auch ein Stück von mir selbst zu Grabe. Ich weiß wohl, dass der Tod zum Leben gehört. Wie oft habe ich das schon gesagt! Wie viele Vorträge habe ich schon zum Thema Loslassen gehalten! Aber dich gehen zu lassen ist mir unsagbar schwer gefallen. Und ich bin nicht sicher, ob ich dich schon losgelassen habe. Denn manchmal denke ich: Ach, wäre das schön, wenn du noch einmal da wärst! Und wäre es auch nur für einen Tag, nur für eine Stunde! Dann würde ich deine Stimme noch einmal hören. Wir könnten wieder zusammen lachen und zusammen noch ein Schnäpschen trinken. Wie schön das wäre! Ich weiß: Dieser Wunsch ist eigentlich unverschämt. Ja, ich schäme mich schon ein wenig, wenn ich an die meisten anderen denke, die ihre Mutter schon viel, viel früher gehen lassen mussten. Oder an die vielen, deren Mutter am Ende so geistesabwesend war, dass sie nicht einmal mehr die eigenen Kinder kannte. Und du warst bis zuletzt geistig fit. Dein Hirn war längst noch nicht abgestorben. Du kanntest noch alle Gebete, die du als Kind einmal gelernt hattest. Und auch die alten Lieder kanntest du alle noch par coeur, auswendig. Und immer noch hast du die alten Geschichten erzählt, wie nur du es konntest. Wie oft haben wir zusammen Tränen gelacht. Lustig war auch, wie du einzelne Personen nachgemacht hast. Zum Beispiel, wie unser Onkel Jupp die Suppe ausschlürft oder wie die Nachbarin auf ihren Alfons schimpft, nachdem er an unser Haus gepinkelt hatte: »Alfons, du Drecksack.«

Deine Augen haben mit der Zeit stark nachgelassen, aber beim Kartenspielen hat man davon nichts gemerkt. Da hast du erstaunlich gut gesehen und auch gemerkt, wenn unsere Kinder schummeln. »Niet foetelen« hast du gesagt. Und das sagen wir auch heute noch, wenn wir mit Anne und Katrin Karten spielen: Niet foetelen!

***

Mutter, ich kann nicht sagen, dass ich dich mehr geliebt habe als meinen Papa, aber ihn vermisse ich nicht so sehr. Doch ohne dich fühle ich mich manchmal so allein, mutterseelenallein.
Du hast mich ja unter deinem Herzen getragen. Unter Schmerzen hast du mich daheim zur Welt gebracht. Deine Milch war meine erste Nahrung. Du hast mir die Muttersprache beigebracht. Die Mutter Sprache. Mama war mein erstes Wort. Vielleicht wird es auch mein letztes sein und werde auch ich – wie manch anderer – im Angesicht des Todes nach der Mama rufen.
Und wenn ich die Augen ein für alle Mal schließe, werde ich dich dann wieder sehen? Wenn ich das wüsste, könnte ich viel leichter von dieser Welt gehen. Wenn ich das nur wüsste! Wenn ich wüsste, dass du drüben wirklich auf mich wartest, würde mir das den Übergang wesentlich erleichtern. Die Vorfreude, dich wieder zu sehen, würde mir die Angst vor dem Tod nehmen. Ach wäre das schön, dich wiederzusehen – und Jan und unseren Papa, Onkel Jupp und all die anderen aus unserer Familie. Wenn ich das nur wüsste. Dann würde ich auf dem Sterbebett auch schnell den Löffel abgeben, um zu euch zu kommen! So wie du es mir vorgemacht hast, nach dem letzten Abendmahl – kurz vor dem Hundertsten.

Ich hätte dich so gerne noch gepflegt

Du, Walter, heute vor zwei Wochen bist du auf der Straße zusammengebrochen. Du warst gleich tot. Der Rettungsdienst war zwar sehr schnell zur Stelle, doch jede Hilfe kam zu spät. Du bist so gestorben, wie du es dir immer gewünscht hast: Ohne vorher leiden zu müssen, ohne etwas mitzubekommen. So ein Sekundentod wird auch »Tod erster Klasse« genannt. Ja, da bleibt einem tatsächlich eine ganze Menge erspart: Krankenhaus, Intensivstation, Schmerzen, Todeskampf. Trotzdem war dein sogenannter schöner Tod schrecklich für mich. Von jetzt auf gleich stand ich allein da. Und es hat mich auch nicht getröstet, dass du so gestorben bist, wie du es dir immer gewünscht hast. Andere werden doch auch gerettet. Warum konnte man dir nicht helfen? Der Notarzt hat mir gesagt: »Wenn wir ihren Mann noch zurück ins Leben hätten holen können, wäre er mit Sicherheit pflegebedürftig gewesen.« – »Ja, und!?«, habe ich ihm gesagt. »Dann hätte ich meinen Mann doch immer noch bei mir gehabt!« Ich hätte dich gewaschen und rasiert. Ich hätte dir dein Lieblingssüppchen gekocht. Ich hätte alles für dich getan und dir so gerne noch gezeigt, wie sehr ich dich liebe. Walter, ich weiß: Zur Liebe gehört auch, dass man die Dinge mit den Augen des geliebten Menschen zu sehen versucht. Und in deinen Augen gab es nichts Schlimmeres als ein Pflegefall zu sein. »Auf keinen Fall!« Das hast du oft gesagt. Trotzdem hätte ich so sehr gewünscht, dass du mich auch einmal brauchst. Du warst immer der Starke! Du hast nie Schwäche gezeigt. Du hattest Angst, schwach zu sein, Hilfe zu brauchen. Eine kleine Grippe hat dich aus dem Gleichgewicht gebracht. Nein, du warst nicht der Mensch, um krank zu sein. Nicht umsonst wolltest du einen Sekundentod. Aber war dein Wunsch nach einem schnellen Tod nicht auch egoistisch, lieblos mir gegenüber? Für dich war es schön, dass du nicht hast leiden müssen, aber für mich war der Schmerz umso stärker. Und auch nach zwei Wochen tut es mir immer noch so weh, auch körperlich weh, dass du mir so abrupt von der Seite weggerissen wurdest.

***

Wie an jedem Nachmittag hatten wir schön zusammen Kaffee getrunken. Gegen halb vier bist du aus dem Haus gegangen. »Ich fahre geschwind zum Karsten«, hast du gesagt. Das waren deine letzten Worte. »Bis gleich«, habe ich gesagt. Und als du dann bei Karsten aus dem Auto ausgestiegen bist, ist es passiert. Du bist zusammengebrochen. Das war's.

Warum? Warum du? Es gab keinerlei Vorzeichen für einen Herzinfarkt. Oder gab es welche und du hast darüber mit mir nicht gesprochen? Der Notarzt wollte von mir wissen, ob du herzkrank warst und ob es in deiner Familie schon ähnliche Fälle gegeben hatte. Nicht, dass ich wüsste, habe ich ihm geantwortet. Dann hat er den Kopf geschüttelt und gemeint, dass besonders Männer die Signale und Warnsymptome einer Herzerkrankung oft ignorieren. Als ich ihm sagte, dass du sehr sportlich warst und jede Woche deine 50 Kilometer gejoggt bist, hat er gesagt, dass einseitige körperliche Aktivität schädlich sein kann. Warum hat dich niemand vorher darauf hingewiesen? Warum hast du dich oft beruflich übernommen und dein Herz so schwer belastet? Immer Hektik und Stress. Immer auf Achse. Wie oft hast du gesagt: »Bald habe ich es geschafft. Mit 60 gehe ich in Rente und dann machen wir uns ein schönes Leben. Dann fahren wir öfters in Urlaub und holen nach, wofür wir bisher keine Zeit hatten.« Und nun hat ein plötzlicher Tod alle unsere schönen Pläne über den Haufen geworfen. Jetzt ist nichts mehr mit einem gemeinsamen Lebensabend zu zweit. Jetzt ist alles zu spät.

***

Plötzlich und unerwartet. – Viel zu früh. – Und wir glaubten, wir haben noch so viel Zeit. Wie oft steht das in den Todesanzeigen! Und wie oft habe ich darüber hinweggelesen. Ich habe immer gedacht, so etwas passiert nur anderen. Plötzlich bin ich die anderen. Wenn du krank gewesen wärst, hätte ich gewusst, was auf mich zukommt. Ich hätte mich langsam auf deinen Tod einstellen können und mich allmählich auf das Alleinsein vorbereitet. Jetzt aber hat mich dein Tod völlig unvorbereitet getroffen. Wenn ich wenigstens Abschied von dir hätte nehmen können. Aber nein. Du bist einfach gegangen. Du hättest doch wenigstens noch Tschüss sagen können! Du hast dir immer einen schnellen Tod gewünscht. Du wolltest nicht wie dein älterer Bruder mit einer Magensonde in einem Pflegeheim liegen und langsam dahindämmern, dahinsiechen. »Ich will nicht lange leiden, nicht krepieren«, hast du gesagt. Aber wer will das schon? Das kann sich niemand aussuchen. Glaubst du denn, dass unser Nachbar so lange leiden wollte? Du hast manchmal auch gehört, wie er vor Schmerzen geschrien, gebrüllt hat. Wir haben beide nicht verstanden, warum man jedem Hund den Gnadentod gewährt, während man einen Menschen nicht von seinen Qualen erlöst. Mit welchem Recht dürfen Ärzte bestimmen, dass ein Mensch weiter leiden muss?

Nein, Walter, ich bin froh, dass dir ein solch unwürdiges Sterben erspart geblieben ist, auch wenn ich dir noch gerne meine Liebe gezeigt hätte. Dabei weiß ich natürlich nicht, ob ich auf Dauer die Kraft gehabt hätte, dich zu pflegen. Vielleicht wäre ich mit der Pflege völlig überfordert gewesen. Trotzdem hätte ich es dir zuliebe gerne versucht. Wenn du ins Koma gefallen wärst, hätte ich dich auch nicht pflegen können. Dann wärst du an Maschinen und Apparaten gehangen und dagelegen wie meine Mutter – und das seit fünfzehn Monaten!

Ein verkabeltes Sterben, das wäre für dich das Allerletzte gewesen. Nicht umsonst hast du immer deine Patientenverfügung bei dir getragen. Aber die hat dir jetzt auch nichts genutzt. Die Rettungssanitäter haben ihr

Programm voll durchgezogen und alles getan, um dich wieder zu beleben. Gut, dass ich das selbst nicht gesehen habe, wie sie dich mit aller Gewalt zurück ins Leben holen wollten. Aber alle ihre Bemühungen waren vergeblich. Das habe ich dem Herrgott nicht vergeben können. Mit geballter Faust habe ich hinauf zum Himmel geschaut und habe den da oben alles geheißen. Gut, dass du das nicht gehört hast. Aber ich war so wütend, dass er mir den liebsten Menschen genommen hat. »Warum mein Mann? Warum nicht meine Mutter auf der Intensivstation?« habe ich ihn angeschrien. »Warum lässt du sie immer noch liegen und nimmst mir meinen Mann?« Ja, Walter, warum müssen Menschen sterben, die noch so gerne gelebt hätten und warum müssen andere weiterleben, die froh wären, wenn sie endlich sterben dürften? Du hast mir mehrmals gesagt, dass es eine Liste gibt, auf der das Sterbedatum eines jeden Menschen feststeht. Die Todesstunde sei von vornherein bestimmt, vorbestimmt.

Walter, war es dir bestimmt, am 28. April um 17.54 Uhr durch einen Sekundenherztod zu sterben? Auf jeden Fall wärst du wütend gewesen, wenn du als Pflegefall aufgewacht wärst. Du hast gesagt: »Wenn ich nicht mehr Herr über meinen Körper bin und meinen Hintern selbst nicht mehr abputzen kann, will ich nicht mehr leben.« Nein, Walter, du warst nicht der Mensch, um dir die Windeln wechseln zu lassen. Es wäre dir peinlich gewesen, ganz auf die Hilfe von anderen angewiesen und vollständig von Fremden abhängig zu sein. Ich weiß noch gut, wie du damals nach deiner Bruchoperation im Krankenhaus lagst und keine Krankenschwester dich anfassen durfte. »Das macht meine Frau«, hast du gesagt.

Ja, Walter, du warst schon sehr eigen. Du hast immer selbst bestimmt, wo es lang geht. Du saßest am Steuer und hast Gas gegeben. Mit deinen schnellen Autos bist du gegen die Uhr angefahren. Als ich dir bei deinem letzten Geburtstag sagte: »Walter, es wird Zeit, das du langsam leben lernst«, hast du nur gelacht. Der Sekundentod passt zu dir. Bei dir musste immer alles ganz schnell gehen. Du konntest nicht warten. Du hattest keinerlei Geduld. Anstehen war für dich ein Fremdwort. Du warst von einer inneren Unruhe getrieben, wolltest immer fort, warst immer auf Achse. Nachdem du nun für immer davon gefahren bist, sehe ich erst, wer du eigentlich warst, wie du wirklich warst. Jetzt erkenne ich klarer, wie du wurdest, was du warst.

Walter, du hattest einige Schwächen und Fehler. Aber auch die habe ich mit den Jahren lieb gewonnen. Du warst meine große Liebe, der Mann meines Lebens. Dass du eine Zeit lang eine andere vorgezogen hast, habe ich dir längst verziehen.

Ich behalte nur das Schöne, das Gute in Erinnerung. Wir haben zusammen unvergessliche Augenblicke, selige Momente, Sternstunden erlebt und dafür bin und bleibe ich dir mein Leben lang unendlich dankbar.

***

Lieben heißt auch lernen, dass wir den geliebten Menschen gehen lassen müssen, weil es für ihn besser ist. Diese Worte standen auf der Beileidskarte von deinem Freund Ernst. Woher will er denn wissen, dass es für dich besser war, so plötzlich zu sterben? Ob er das auch noch sagen würde, wenn er seine Frau Hilde plötzlich verloren hätte?

Ich habe insgesamt 45 Beileidskarten bekommen. Viele haben ganz lieb geschrieben, sehr einfühlsam. Immer wieder nehme ich die Karten in die Hand und lese sie langsam, Wort für Wort. Schade, dass du nicht sehen kannst, wie viel Gutes und Liebes da über dich geschrieben steht. Du warst ja auch ein lieber Kerl, ein liebenswerter Mensch, wert geliebt zu werden. Das heißt nicht, dass du immer lieb und nett warst. Du konntest auch ungehalten sein. Aber das hat man dir nicht übel genommen. Du hattest etwas in dir, dass man dich einfach gerne haben musste. Wie beliebt du warst, zeigt auch, dass so viele kamen, um von dir Abschied zu nehmen und dir die letzte Ehre zu erweisen. Es hat mir gut getan, zu spüren, dass sie dich alle gemocht und geschätzt haben.

Der Trauerredner hat gesagt, dass dein Tod uns bewusst macht, wie schnell auch unser Weg zu Ende gehen kann. Wir alle sind nur einen einziges Herzschlag weit vom Tod entfernt. So gesehen bin ich dir immer noch ganz nahe.

Walter, dein Chef wollte bei der Trauerfeier einen Nachruf sprechen, aber das habe ich abgelehnt. Denn ich weiß, dass du ihn nicht leiden konntest. Du hast ihm mehrmals die Meinung gesagt und das hat ihm nicht gepasst. Gott weiß, was er gesagt hätte. Ich hoffe, es war in deinem Sinne, dass dein Boss bei deinem Abschied nichts zu sagen hatte.

Nach der Trauerfeier am Sarg hat man dich ins Krematorium gefahren. Dort bist du eingeäschert worden. Asche zu Asche in 60 Minuten. Und fünf Tage später haben wir deine Urne beigesetzt. Schneller ging es nicht. Nun muss ich langsam lernen, ohne dich zu leben, Walter. Und dazu werde ich lange brauchen. Denn du warst doch der Starke, der mir immer Halt gegeben hat. Stell dir vor: Heute vor zwei Wochen warst du noch da, wir haben noch zusammen miteinander geredet, Kaffee getrunken. Und jetzt sitze ich allein da. Ich kann es immer noch nicht fassen. Dazu ist alles zu schnell, viel zu schnell gegangen. Und so schnell kommt die Seele nicht mit. Manchmal denke ich, ich werde verrückt. Ich laufe durchs Haus und rufe deinen Namen: »Walter, komm doch zurück. Bitte, Walter, komme doch zurück.« Und ich trage dein Handy bei mir, damit ich deine Stimme höre, wenn du mich anrufst.

Wir zwei ...

»Wir zwei ...« – wie oft habe ich das zu dir gesagt, ohne den Satz weiter zu führen. Aber eigentlich war damit alles gesagt: Wir zwei ... wir brauchten einander. Wir zwei ... wir wussten, was wir aneinander haben. Wir zwei ... wir haben zusammen gekämpft, auch wenn der Kampf nicht zu gewinnen war. Wir zwei ... wir dürfen unseren Weg nicht mehr weiter zusammen gehen. Wir zwei ... wir waren, nein, wir sind immer noch eins. Wir zwei ... wir gehören zusammen.

Unser gemeinsamer Weg war kurz, viel zu kurz. Nur fünfzehn Monate lang durften wir einander auf dieser Erde haben, aber in dieser Zeit sind wir so eng und innig zusammengewachsen, dass wir zwei für immer unzertrennlich miteinander verbunden sind.

Sofie, du kamst mit vier Herzfehlern auf die Welt und musstest von deinem achten Lebenstag an beatmet werden. Du hattest von Anfang an so viel durchzustehen, so viel Pech: Falsche Medikamente. Unglückliche Infektionen. Du hattest mehrere schwere Operationen zu überstehen. Und dann an Silvester die Notoperation, die eigentlich nicht überlebbar war. Aber du hast sie überlebt. Vielleicht mir zuliebe, weil du gewusst hast, wie sehr ich dich brauche.

Tausendmal hättest du sterben können, aber du bist nicht gestorben. Und richtig aufgelebt bist du die zehn Wochen bei uns zu Hause. Die haben dir so gut getan, dass du vierzehn Zentimeter gewachsen bist und ein halbes Kilo zugenommen hast. Daheim hast du dich richtig erholt. Da hast du gelacht. Was dir besonders gefallen hat, wenn ich dir ein paar Kinderlieder vorgesungen habe. Ja, du warst ein fröhliches Kind, auch wenn das bei deiner schweren Krankheit nicht zu begreifen war. Kaum warst du auf der Welt, kam die schreckliche Nachricht der Ärzte. Bangen, Hoffen, Kämpfen, ohne zu wissen, was morgen sein wird. Dein Leben hatte noch nicht richtig begonnen, da ist es schon zu Ende gegangen. Genau fünf Monate nach dem Tod meiner Mutter am 15. Mai. Du warst ihr letzter Lebensinhalt. Du hast deiner Omi Kraft gegeben und sie von ihrer eigenen Krankheit abgelenkt. Sie war jedes Wochenende bei dir in der Kinderklinik. Sie ist mit dir zu Operationen nach Heidelberg und Berlin gefahren. Kein Weg war ihr zu weit. Nichts war ihr zu viel. Du warst ihr heißersehntes Enkelkind. Und als du dann schwer erkrankt zur Welt kamst, hat sie kurze Zeit danach erfahren, dass sie selbst unheilbar krank ist. Warum? Warum muss ich sterben, wo meine Tochter und ihr Kleines mich jetzt so nötig brauchen? Warum trifft es immer uns?

***

Warum? Warum? Ja, das habe ich mich auch gefragt. Innerhalb von fünf Monaten wurden mir die zwei liebsten Menschen genommen. Erst meine Mutter und dann du, mein Bärchen. Und da gibt es immer noch Leute, die behaupten, dass Gott keinem mehr auferlegt, als er tragen kann. Geh fort! Für mich ist »mein Päckchen« eindeutig zu schwer, viel zu schwer. Nicht umsonst bin ich schon mehrmals zusammengebrochen.

Sofie, bei der Vorbereitung zu deiner Trauerfeier wurde ich gefragt, ob wir ein Vaterunser beten sollten. Nein, habe ich geantwortet, es gibt keinen Vater im Himmel, keinen Gott, denn sonst könnte er so etwas nicht zulassen. Und wenn es einen gibt, bin ich wütend auf ihn. Was ist denn das für ein Gott, der einer Mutter das Liebste nimmt!? Was ist denn das für ein Gott, der zulässt, dass ein Kind zur Welt kommt, nur um zu leiden?! Was ist das für ein Gott, der will, dass ein Kind stirbt? Nein, ich kann nicht beten: »Dein Wille geschehe.«

Ich kann es nicht ertragen, wenn mir Leid als Wille Gottes verkauft wird. Wenn dein Tod gottgewollt war und Gott Spaß daran hat, einem unschuldigen Kind solch unsägliches Leid zuzufügen, dann ist er ein Sadist. So war es nur ehrlich, dass wir bei deinem Abschied nicht gebetet haben. Allein schon das Wort Trauerfeier blieb mir im Halse stecken? Was gibt es denn da zu feiern? Dass du nun bei Gott bist? Hat er denn im Himmel nicht schon kleine Engel genug?

»My heart will go on.« Dieses Lied von Céline Dion hat mich ein wenig getröstet. Es fängt so an: »Every night in my dreams ...«. Jede Nacht sehe ich dich. Ich fühle dich in meinen Träumen und deshalb weiß ich, dass du weiterlebst. Wo immer du auch sein magst, ich glaube, dein Herz lebt weiter. Du öffnest noch einmal die Türe und bist in meinem Herzen. Und auch mein Herz lebt weiter. Ja, Sofie, in meinem Herzen lebst du weiter. Darin hast du für immer deinen Platz. Aber lebst du auch dann noch weiter, wenn mein Herz zu schlagen aufgehört hat? Lebst du unabhängig von mir weiter, oder lebst du nur in meinem Gedächtnis weiter? Bist du nur noch Erinnerung? Wenn ich gestorben bin, bist du dann endgültig tot? Lieben heißt, einem Menschen sagen: Du darfst nicht sterben. So ist es, Sofie, du darfst nicht sterben, du nicht. Die Vorstellung, dass von dir nichts übrig bleibt, ist für mich viel unerträglicher als die Vorstellung, dass ich selbst eines Tages völlig ausgelöscht sein werde. Nein, du darfst nicht sterben, Sofie. Du nicht! Dazu liebe ich dich zu sehr. Du darfst nicht sterben!!

***

Inzwischen ist es schon 427 Tage her, seit du von uns gegangen bist, aber noch immer fühle ich, dass du mir ganz nahe bist. Auch wenn dieses anfangs so starke Gefühl etwas nachgelassen hat, so spüre ich doch immer noch eine enge Verbundenheit. Manchmal weiß ich ganz gewiss, dass dein Herz weiterlebt und du nicht sterben kannst. Dann aber bin ich voller Zweifel und frage mich, ob ich mir ein Weiterleben nicht einbilde, weil ich mich mit deinem Tod nicht abfinden kann. Du weißt ja: Wir zwei sind ein Herz.

Durch deinen Tod wurde mir ein ganz großes Stück aus dem Herzen gerissen. Dieses Wunde tut immer noch so weh. Und manchmal habe ich Angst, an dieser Wunde zu verbluten. Auch die schönsten Lieder, auch die besten Worte sind nur Trostpflästerchen auf dieser Wunde. Nichts vermag das blutende Mutterherz zu stillen. Nichts vermag mich zu trösten. Alles, was die Menschen mir sagen, ist nur hilfloses Gestammel. Trotzdem tut es gut, dass einige gute Freunde in den schwersten Stunden meines Lebens bei mir waren. Allein hätte ich es nicht geschafft, hinter deinem Sarg herzugehen. Wenn Onkel Heinz und Daniela mich nicht gestützt hätten, wäre ich wohl zusammengebrochen. Es war ein unbeschreiblicher Schmerz. Wie weh das tut, weiß keine Frau, die nicht selbst ihr Kind in den Sarg gelegt, ins Grab gebettet hat. Du lagst in der kleinen Kiste auf deinem Lieblingskissen und hattest alle deine Spielsachen bei dir, deine Spieluhr, deine Plüschtiere. Du sahst wirklich so aus, als schliefst du, dein Köpfchen ein wenig zur Seite, so wie du immer geschlafen hast.

Der Friedhofsbedienstete hat deinen kleinen Sarg in seinen Armen getragen. Das Bild bekomme ich nicht mehr aus dem Kopf. Das Bild hat sich ganz tief in meiner Seele eingegraben. An deinem Grab bin ich zu dir gekommen und habe dir einen letzten Gutenachtkuss gegeben. Und ich habe mit einem goldenen Stift zwei Herzen auf das weiße Särglein gemalt und geschrieben: »Wir zwei, wir sehen uns wieder!« Auch einige andere haben dir noch etwas Liebes als Abschiedsgruß geschrieben. Und dein kleiner weißer Sarg war verziert mit roten Blumen und gelben Sternen.

Danach wurde das Stufengedicht von Hermann Hesse

vorgelesen. Ich kenne es längst auswendig. Die Verse sind mir aus dem Herzen geschrieben:

»Es muss das Herz bei jedem Lebensrufe
Bereit zum Abschied sein und Neubeginne,
Um sich in Tapferkeit und ohne Trauern
In andre, neue Bindungen zu geben.
Und jedem Anfang wohnt ein Zauber inne,
Der uns beschützt und der uns hilft, zu leben.«[9]

Mein Herz hat schon hunderttausend Mal von dir Abschied genommen, aber es will dich immer noch halten. Ach, Sofie, hilf du mir doch, dass ich dich gehen lassen kann. Wohin bist du gegangen? Bist du in das Zimmer nebenan gegangen? Hast du die Räume gewechselt? Ich glaube, dass du auf einer höheren Ebene bist und eine höhere Sicht hast. Je höher du bist, desto weiter dein Blick. Du siehst sicher alles ganz anders als ich mit einem eingeengten Blickwinkel.

Ich sehe dich immer noch hier bei mir. Dein Zimmer ist noch genau so wie damals, als du für immer eingeschlafen bist. Nichts habe ich verändert. Alles steht noch auf seinem Platz. Deine Spielsachen und Plüschtiere sind alle noch da, so als wärst du nie gegangen. Du könntest jederzeit zurückkommen. An manchen Tagen bin ich so verzweifelt, dass ich nach dir rufe: »Sofie, komm zurück! Sofie, komm doch zurück!« Aber ich weiß nicht, ob du das wolltest, wieder in diesem kranken Körper gefangen sein. Denn jetzt bist du frei. Du bist nicht mehr an einem bestimmten Ort gebunden. Du bist nicht mehr da, wo du warst, aber überall dort, wo ich bin. Ich trage dich weiter in meinem Herzen, denn wir zwei sind eins.

***

Du, Sofie, ich mache mir oft heftige Vorwürfe, dass ich dich nicht früher losgelassen habe. Ich wusste ja, wie schwer krank du warst. Und trotzdem habe ich dir diese schweren Herzoperationen zugemutet. Wenn ich dich schon eher hätte gehen lassen, wäre dir einiges erspart geblieben. Aber ich hatte immer noch gehofft, dass die Ärzte dein krankes Herz vielleicht doch noch gesund machen könnten. Ich war von verzweifelter Mutterliebe getrieben. Oder war diese Liebe nur verschleierte Eigenliebe, weil ich gewusst habe, dass ich ohne dich nicht leben kann? Ich hatte mich so fest an dich geklammert. Wir zwei, wir waren eins. Ich sage dir: Ohne dich – zwei Worte nur und doch so schwer zu tragen.

Bei deiner Beerdigung war auch dein sogenannter Vater mit seiner Freundin. Sie saßen ziemlich weit hinten und haben sich nicht getraut, vorne Platz zu nehmen. Das hätte noch gefehlt, dass der sich neben mich hinsetzt. Ich wäre aufgestanden, denn ich hätte seine Nähe nicht ertragen. Er hat dich gezeugt, aber er war nicht dein Vater. Er hat sich nie um dich gekümmert, auch dann nicht, als er wusste, wie schwer krank du warst. Inzwischen sind wir geschieden. Ich wollte nicht, dass du seinen Namen trägst, den Namen eines Fremden. Und als er dir einen kleinen

Rosenstrauß ins Grab warf, hätte ich ihn am liebsten eigenhändig wieder herausgeholt.

Sofie, es gäbe noch so vieles zu sagen, aber für heute lasse ich es gut sein. Aber es tut mir gut mit dir zu reden, auch wenn es mir manchmal das Herz bricht. Eines weiß ich gewiss: Eines Tages komme ich nach, denn wir zwei gehören zusammen. Wir zwei sind eins. Wir zwei.

Warum? Werner, warum?

Ich hatte den Pfarrer gebeten, es nicht zu erwähnen. So hat er bei der Trauerfeier von einem tragischen Unfall gesprochen, aber das war eigentlich lächerlich. Denn die Anwesenden wussten ja alle Bescheid. Und auch im Ort war längst bekannt, was passiert war. Ja, wäre dein Tod nur ein tragischer Unfall gewesen. Dann wäre mir die Scham erspart geblieben. Dann hätte nicht das ganze Dorf über uns geredet. Wenn du bei einem Verkehrsunfall ums Leben gekommen wärst, hätte ich nicht immer drum herum reden müssen, woran du eigentlich gestorben bist. Ein tragischer Unfall wäre es gewesen, wenn du bei einem Gewitter in einem Auto von einem herabstürzenden Baum erschlagen worden wärst. Dann hätte ich sagen können: Das Schicksal hat es gewollt. Nun aber hast du es gewollt. Du und niemand anders.

Weil es eben kein tragischer Unfall war, hat mich allein schon die Frage »Wie geht's?« in Verlegenheit gebracht. Ich traue mich immer noch kaum unter die Leute. Auch wenn sie mich nicht darauf ansprechen, weiß ich doch, wie hinter meinem Rücken geredet und getuschelt wird. Andere wieder heucheln Mitleid. Das kann ich schon gar nicht ertragen. »Ach, du Ärmste.« – »Du tust mir richtig Leid!« Ja, es gibt auch welche, die aufrichtig Anteil nehmen.

Aber auch die gut gemeinten Worte tun weh. »Ich weiß, wie du dich fühlst. Ich habe das auch durchgemacht«, sagt Monika, deren Mann damals ins Wasser gegangen ist. Sicher versteht sie mich besser als andere, die so etwas gar nicht durchgemacht haben. Aber jeder Mensch fühlt, empfindet doch anders. Jeder trauert anders. Niemand kann nachfühlen, was dein Tod für mich bedeutet. Niemand weiß, wie unsere Beziehung zueinander war. Niemand kennt meinen Schmerz. Niemand kann sagen: »Ich weiß, wie du dich fühlst.«

Wenn du tödlich verunglückt wärst, hätte ich mir nicht immer wieder Vorwürfe machen und mich fragen müssen: Was habe ich falsch gemacht? Dann hätte ich anderen womöglich die Schuld geben können. Dann wäre es Schicksal gewesen. Du warst zum falschen Zeitpunkt am falschen Ort. Ach, wärst du doch bei einem Autounfall ums Leben gekommen! Dann hätte ich eine schöne Todesanzeige aufgeben können mit einem schönen Spruch. Aber zu deinem Fall hat kein Spruch gepasst, auch kein frommer. Höchstens ein Wort hätte gepasst: Warum?

Aber es gab keine Todesanzeige, keine normale Trauerfeier, keine schönen Worte auf der Blumenschleife. »In großer Dankbarkeit«. Von wegen Dankbarkeit. Voller Wut saß ich vor deinem Sarg, war richtig böse auf dich. Ja, ich habe dich auch gehasst, ja gehasst. Du hast nur an dich gedacht. Du Egoist. Warum hast du das getan, uns das angetan? Wie konntest du mich so sitzen lassen? Allein mit den Kindern? Allein mit dem Haus? Hast du mich und die Kinder überhaupt geliebt? Ja, ich stelle mir so viele Fragen. Und die Frage, die mich am meisten quält: Was hätte ich mehr tun können, anders machen müssen? Hätte ich es verhindern können? Habe ich versagt?

***

Warum? Warum? Das frage ich mich noch immer, auch wenn ich weiß, dass ich auf diese Frage niemals eine Antwort bekommen werde. Von allen Seiten wird mir gesagt, dass ich nicht schuld bin an deinem Tod und ich keine Schuldgefühle zu haben brauche. Es sei einzig und allein, deine Entscheidung gewesen, aus dem Leben zu treten. Und trotzdem ist da diese gefühlte Schuld, die den Rucksack der Trauer so schwer macht. Werner, warum? Und auch wenn du uns einen Abschiedsbrief hinterlassen hast, tappen wir weiterhin im Dunkel. Du schreibst: »Ich habe mich entschieden, meinen eigenen Weg zu gehen. Schon so lange bin ich hin- und hergerissen. Ein Riss geht durch meine Seele. Ich will leben, aber auch nicht. Ich will gehen, aber das ist so schwer. Aber noch viel schwerer ist es zu leben!« Aber was war es denn, dass dein Leben so schwer gemacht hat, dass du es nicht mehr tragen, ertragen konntest? Mir ist immer noch nicht klar, warum es für dich keine andere Lösung gab, als durch die allerletzte Tür zu gehen. Wir müssen es annehmen, sagt man uns von allen Seiten. Das könnten wir eher, wenn wir verstehen würden, warum der Tod eine solch mächtige Sogwirkung auf dich hatte.

Du hast unter Depressionen gelitten. Trotzdem verstehe ich nicht, dass niemand dir helfen konnte. Du warst doch in Behandlung. Du hast die Tabletten genommen, warst bei Psychologen und Psychiatern. Es will mir einfach nicht in den Kopf: Da fliegt der Mensch zum Mond und zum Mars, aber ein Mensch, der am Boden ist, dem kann man nicht auf die Beine helfen. Und du warst doch nicht nur niedergeschlagen. Manchmal warst du auch lustig, oder hast du nur getan als ob? Gerade in letzter Zeit, schienst du gut drauf. Was ich wohl nicht gesehen habe ist, wie viel Kraft es dich gekostet hat, diesen Schein aufrecht zu halten. Du wolltest dir nicht anmerken lassen, wie es in dir aussah.

Ich weiß noch gut, was der Arzt mir damals gesagt hat. »Für Ihren Mann ist das Leben zuweilen eine schwere Last. Er trägt eine depressive Grundstimmung in sich, sieht die Dinge durch die dunkle Brille. Die Schwermut legt sich wie eine Schlinge um seine Seele. Darum kostet es ihn viel Kraft, das Leben zu bestehen. Deshalb ist es wichtig, dass Sie ihm eine starke Stütze sind.« Das waren damals die Worte des Arztes und ich habe mein Bestes getan, um dir Kraft zu geben. Ich habe alles getan, damit ein Lichtstrahl dein Dunkel erhellt und du dich ein wenig freuen kannst.

Aber glaub nur nicht, dass ich das Leben immer durch die rosa Brille gesehen habe. Auch ich habe in meiner Seele oft eine tiefe Trauer gespürt. Trotzdem habe ich niemals daran gedacht, mich umzubringen. Das Leben wurde uns von Gott gegeben, hat man uns beigebracht. Das darf man sich nicht nehmen. Gott allein ist der Herr über Leben und

Tod und wer sein Leben selbst beendet, setzt sich an die Stelle Gottes. Oder bin ich noch nie auf den Gedanken gekommen, mir selbst das Leben zu nehmen, weil ich noch nie so verzweifelt war?

Hast du wirklich so unter der Last des Lebens gelitten, dass du nur noch diesen einen Ausweg gesehen hast, dich von deinem Leid zu befreien? Hat die Schlinge deine Seele so erdrückt, dass du geglaubt hast, keine andere Wahl mehr zu haben, als dir den Strick um den Hals zu legen? Warst du mit deiner Kraft wirklich völlig am Ende? Ich kann es kaum glauben. Denn um die Treppe zum Speicher hinaufzugehen und auf den Stuhl zu steigen, braucht es doch auch viel Kraft, unendlich viel Kraft. Und wenn du dir schon das Leben nehmen wolltest, warum bist du dann nicht in den Wald gegangen? Nein, unter unserem Dach hast du es getan. Wie sollen wir denn weiterleben in diesem Haus?

***

Was ich immer noch nicht verstehe ist, dass du nicht daran gedacht hast, was du uns mit diesem Tod antust. Durch deinen Suizid hast du auch uns ein Stück weit umgebracht. Wie konntest du nicht daran denken? Du hättest doch wissen müssen, dass dein Tod die Kinder und mich zugrunde richten. Oder hast du nicht an uns gedacht, weil du es sonst nicht hättest tun können? Stimmt es, wie der Arzt mir sagte, dass du nur an die Erlösung gedacht hast, die der Tod dir bringt? War das Leben denn für dich nur noch eine Qual, dass du es nicht mehr aushalten konntest? War denn unsere Ehe für dich die Hölle? Gut, wir haben uns oft in die Haare gekriegt. Wir haben viele dunkle Täler durchschritten, aber dazwischen doch auch sonnige Gipfel erklommen. Im Urlaub bist du oft richtig aufgeblüht. Es gab Zeiten, da war von einer Depression nichts zu merken. Du hast herzerfrischend gelacht, warst einfach gut drauf. Und auch mit den Kindern hast du gerne Quatsch gemacht. Gewiss gab es Phasen, in denen dir das Leben schwer gefallen ist. Aber du warst oft auch stark, stärker als ich. Du hast von heute auf morgen mit dem Rauchen aufgehört. Auch dein Alkoholproblem hast du aus eigener Kraft in den Griff bekommen.

Ich frage mich immer noch, ob es nicht etwas gegeben hat, wovon ich nichts gewusst habe, nichts wissen durfte? Warst du vielleicht unheilbar krank? Hattest du Aids? Hattest du ein Verhältnis mit einer anderen und wusstest nicht mehr weiter? Aber deshalb wirft man doch sein Leben nicht weg! Warst du wirklich so verzweifelt, dass du keinen anderen Ausweg mehr gesehen hast? Und warum denn gerade im Frühling, wo das Leben aufblüht? Oder hat es dich noch mehr bedrückt, dass du am blühenden Leben nicht mehr teilnehmen konntest?

Werner, du hast so viele Fragen zurückgelassen. Fragen, die für immer offen bleiben werden. Oder war schon deine Geburt die Antwort auf alle Fragen? Deine Mutter hat erzählt, dass es eine ganz, ganz schwere Geburt war, du nicht auf die Welt wolltest. Du hättest dich mit aller Gewalt gewehrt. 18 Stunden habe die Geburt gedauert.

Deine Mutter hat mir auch mehrmals gesagt, dass du anders warst als andere. Du ständest am Rand, seist als Kind schon ein Außenseiter gewesen. Du konntest dich nicht wehren, hattest keine Ellenbogen. In der Schule hast du schon einiges abbekommen. Weinen konntest du nicht. Du hättest immer geschluckt und seist unsicherer geworden. Und nun sagt sie sich: »Ich habe einem Kind das Leben geschenkt, das es nicht haben wollte.« Deine Mutter leidet mindestens genau so viel wie ich. Es heißt: Der Partner geht von der Seite, ein Kind aus dem Herzen.

Werner, allmählich fange ich an zu begreifen, wie sehr du gelitten hast. War dein Leben wirklich so ein langer Leidensweg? Dann muss ich dich eigentlich bewundern, dass du trotzdem die Kraft aufgebracht hast, 45 Jahre zu leben.

Hast du uns zuliebe solange durchgehalten? Hast du gewartet, bis die Kinder groß genug sind und sie auf eigenen Beinen stehen? Ja, wenn ich es aus *der* Perspektive betrachte, sehe ich manches anders. Und dann kann ich dir auch nicht mehr böse sein. Nach deinem Tod lagst du ganz entspannt, gelöst da, als wäre eine ganze schwere Last von dir abgefallen. Du sahst zufrieden aus, in tiefem Frieden mit dir.

Nach deinem Tod habe ich mehrere Beileidsbekundungen bekommen. Die meisten wünschen mir viel Kraft. Hannelore, unsere Nachbarin, schrieb: Mögest du Frieden finden. Ja, den brauche ich, den Seelenfrieden. Diesen Frieden kann ich nur bekommen, wenn ich dir nichts nachtrage und dir nicht mehr böse bin. Ich möchte verstehen, dass deine Depression genauso tödlich war wie ein unheilbarer Krebs. Wenn ich das begreife, brauche ich dir auch nicht zu verzeihen, denn du hast es nicht in böser Absicht getan. Du hast nur diesen einen Ausweg gesehen. Bis ich das vollends verstehe und annehmen kann, werde ich noch viel Zeit brauchen. Aber ich möchte soweit kommen und meinen Frieden schließen mit dir.

Werner, eines möchte ich dir noch erzählen. Ich hatte der Floristin gesagt, dass ich für deine Trauerfeier keine Lorbeerbäumchen um deinen Sarg wollte – nicht nur um die 80 Euro zu sparen. Ich fand, dieser Baumschmuck hätte nach deinem »Abgang« auch nicht gepasst. Und ich war froh, dass ich mich so entschieden hatte. Denn wenn die Bäumchen da gestanden wären, hätten wir nicht gesehen, wie schön die Sonne auf deinen Sarg schien. Dieses Licht tat mir in der Seele gut und hat mich ein wenig getröstet. So als wollte der Himmel mir sagen, dass du »dort oben« gut angekommen bist. Ja, das wünsche ich dir von Herzen. Schau öfters mal zu mir hinunter und auch zu den Kindern, und hilf du uns, unseren Frieden zu finden.

Norberta, du hast uns infiziert

Als ich hörte, dass du gestorben bist, habe ich erst gespürt, wie nahe du mir standst. Du hast Spuren hinterlassen. Nicht nur auf meinem Lebensweg, auch tief in meinem Herzen.

Dir ist es zu verdanken, dass die Franziskanerinnen von Gengenbach 1990 in Oberharmersbach das erste Aidshospiz der Bundesrepublik eröffnet haben. Du warst die treibende Kraft, die Vorkämpferin. Deine Ordensoberen wollten von deiner Idee zunächst nichts wissen. Aber du hast nicht locker gelassen. Als Schwester der Sozialstation im Kinzigtal kanntest du die große Not der an Aids Erkrankten: Allein gelassen von Angehörigen und Freunden, ohne häusliche Geborgenheit, ohne fachkundige medizinische und pflegerische Betreuung.

AIDS: Diese 4 Buchstaben standen auch für Ausgrenzung, Isolierung, Diskriminierung, Stigmatisierung. Und dieses Aids war oft noch viel schlimmer als die Krankheit selbst. Euer Haus »Maria Frieden« wurde zu einem wahren Zufluchtsort für die Ausgestoßenen unserer Gesellschaft. Aidskranke wurden damals wie Aussätzige behandelt. Einer der ersten »Gäste« in eurem Hospiz war der italienische Pater Don Antonio. Bevor er zu euch ins Haus kam, wurde er von seinen Mitbrüdern geschnitten und bekam zur Strafe nur selten die Kommunion. Du hast dem Pater oft die Kommunion gebracht und ihm auch ermöglicht, im Rollstuhl seine letzte heilige Messe zu feiern. Allein dafür hast du schon den Himmel verdient.

Norberta, du weißt, katholisch und Aids, das war wie Himmel und Hölle. Als ich meinen Bischof bat, eine Stelle für einen Aidsseelsorger einzurichten, löste das nur Kopfschütteln aus. Anfangs der neunziger Jahre galt AIDS noch als ›Schwulenpest‹ und wurde von vielen Kanzeln als Strafe Gottes gegeißelt. Wie oft wurde ich als Aidsseelsorger gefragt, ob ich auch wirklich katholisch bin.

Norberta, du bist im Hospiz auch vielen Schwulen begegnet, die von unserer Kirche zutiefst verletzt wurden. »Erst werden wir Schwule von Rom als Sünder abgestempelt, doch wenn wir dann Aids haben, kommt die Mutter Kirche und erbarmt sich der ›armen Kranken‹.« Typisch katholisch. Es fiel Schwulen schwer, sich in ein kirchliches Hospiz zu begeben und ausgerechnet von der Institution Hilfe anzunehmen, die das Kondom verbietet, das einzige Mittel um HIV zu verhindern. Ein militanter schwuler Mann der Aids-Hilfe Berlin war so skeptisch, dass er zunächst einmal »Probe-liegen« wollte. Aber er hat sich bei euch bald so wohl gefühlt, dass er geblieben ist.

Norberta. Auch innerhalb unserer Kirche(n) gab es böse Stimmen: »Wer sich um ›Solche‹ kümmert, kann selbst nicht ganz sauber sein.« Du hast die Leute reden lassen und einfach deinen Dienst getan.

Du standst nicht für eine Kirche, die den Zeigefinger hebt, sondern helfend die Hand reicht. Eine Kirche, die jeden Menschen liebevoll annimmt, so wie er ist.

Nicht zu fassen. Eine Nonne, die nichts von Sex weiß, keine Ahnung hat von Homosexualität, wäscht schwule Männer und pflegt Junkies auf der letzten Strecke. Hand in Hand. Und dann noch ohne Gummihandschuhe. Das ist doch gefährlich, lebensgefährlich. Schließlich sind die Infizierten doch Träger des übertragbaren Todes. Deine Liebe zu den Ausgestoßenen war stärker als deine Ansteckungsangst. Du bist nicht mit Gummihandschuhen auf die Infizierten zugegangen, sondern du hast gewusst, wie gut Hautkontakt gerade den Menschen tut, die anderen nur Angst machen.

Die Angst vor Ansteckung hörte nicht einmal mit dem Tod auf. Manchmal stand auf dem Sarg: *Nicht berühren. Ansteckungsgefahr.* Und oft fassten die Sargträger den Sarg demonstrativ nur mit Gummihandschuhen an. Bernhard wurde im Sarg sogar in einen blauen Müllsack gesteckt und so zu Grabe getragen.

***

Im Nachhinein kommt es mir immer noch so vor, als sei hier in Oberharmersbach damals ein Stückchen Himmel auf die Erde gefallen – dort oben auf dem Berg, ein Leuchtturm der Hoffnung für alle, die hoffnungslos zum Tod verurteilt waren.

Als sogenannter »Aidspfarrer« habe ich viele Männer und Frauen aus »meiner Gemeinde« hier ins Hospiz gebracht. Einer von ihnen war Uwe. Er lag in einem Stuttgarter Krankenhaus, im letzten Zimmer, abgelegt zum

Sterben. Die Ärzte waren froh, dass sie Uwe ins Hospiz abschieben konnten und ihn los waren. Uwe ist dann bei euch wieder auf die Beine gekommen, wurde anschließend sogar entlassen. Aber draußen fing er wieder an zu trinken und Drogen zu nehmen, trieb sich in Stuttgart herum – bis es nicht mehr ging. Zu guter Letzt kam er dann wieder zurück nach Hause, heim zu euch ins Hospiz.

Und da war Günther. Als Schwuler war er zunächst einmal den »normalen« Weg gegangen – wie so viele Schwule. Günther hat geheiratet. Es hat lange gedauert, bis er zu seinem Anders-sein stehen konnte. Seine zwei Töchter haben ihn in Zimmer 8 besucht, sie waren auch bei seiner Beerdigung. Aber nicht seine Ehefrau. Dazu war sie zu tief verletzt. Sie sagte: »Günther hätte mir auch vor der Ehe sagen können, dass er schwul sei. Er hat mich betrogen.«

Und du hast auch den Hebe gepflegt. Unehelich geboren, Heim, Kindesmissbrauch durch den Stiefvater. Später wurde Hebe Stricher im Park. Ohne Kondom gibt's mehr Kohle. So wurde Hebe angesteckt. Eine Zeitlang lebte er sowohl mit einer Frau als auch mit einem Mann zusammen. Er wusste wohl selbst nicht, wo er hingehört. »Ich habe alles mitgenommen, was ich kriegen konnte. Hauptsache ein wenig Wärme.«

Viele Frauen und Männer sind zu euch ins Hospiz gekommen, die als Kind keine Nestwärme erfahren haben. Ihr Leben lang waren sie auf der Suche, wurden süchtig, suchten ihre Sehnsucht nach Liebe mit Drogen zu stillen. Ihre Gier nach Stoff war stärker als die Angst vor Aids. Und so haben sie über eine gebrauchte Spritze sich selbst den Tod gegeben, ihr eigenes Grab gegraben.

Drogensüchtige, Stricher, Straßenmädchen, Obdachlose, Strafentlassene. Du hast sie alle aufgenommen und angenommen als die Menschen, die sie sind, geworden sind.

***

Liebe Norberta! Die Zuwendung von Mensch zu Mensch ist heilsam, bewirkt zuweilen Wunder. Das habe ich durch dich verstehen gelernt. Deine tatkräftige Hingabe zu den »Ärmsten der Armen« war ansteckend. Du hast viele Frauen und Männer inspiriert, motiviert, bestärkt auch etwas für Aidskranke zu tun. Du hast uns »infiziert«. Wir kamen anders aus dem Hospiz heraus, als wir hineingegangen waren: angerührt von einer Liebe, die anpackt, die »Unberührbaren« annimmt, sie in den Arm nimmt.

Einmal hast du mir morgens in der Kapelle von einem Christus erzählt, der keine Hände mehr hat, nur noch ein Torso ist. Ich glaube, er war dir im Traum erschienen. Auf jeden Fall hast du die Botschaft verstanden. Christus hat keine anderen Hände als die unseren. Er braucht unsere Hände, um die Kranken zu waschen und zu pflegen. Er wischt keinem Sterbenden den Schweiß von der Stirn, wenn wir es nicht tun. Christus braucht unsere Arme, um die Notleidenden zu umarmen. Du hast Männer und Frauen in den Arm genommen, die das Gefühl hatten: Mich mag ohnehin keiner. Du hast so viele Junkies kennengelernt, die sich selbst nicht umarmen können, weil so vieles sie von sich selbst abstößt: ihr Aussehen, ihre Sucht, ihre »Seuche«.

Christus braucht unsere Füße, um Todkranken in ihrer Not beizustehen. Du hast Sterbenden mit Hand und Fuß Beistand geleistet und mit deinem Gebet begleitet. Du hast das Tätigkeitswort ‚Gott' in dein Leben übersetzt. Handfestes Mitleiden, Mittragen, Mitgehen bis an die Schwelle.

Du hast gewusst: Über Liebe reden lindert kein Leid. Liebe ist tun. Helfen, handeln. Hand anlegen, die Ärmel hochkrempeln. Wunden verbinden. Windeln wechseln. Den Rücken einreiben, Schleim absaugen. Du hast gezeigt, was Liebe alles tut. In der Tat.

Norberta. Wie vielen Verlassenen und Verachteten bist du tatsächlich zur Schwester geworden. Für den Türken Thasim warst du die Mama. »Meine Mama« hat er dich genannt. Wie oft saßest du am Bett eines Menschen und hast ihm geholfen, seinen Frieden zu finden!?

***

Norberta. Du warst meine große Schwester. Ich möchte dich auf kein Podest stellen. Du warst auch nur ein Mensch. Mit Stärken und Schwächen. Du hast oft deine eigene Schwäche gespürt, deine Hilflosigkeit gezeigt. Ich habe dich mehrmals weinen sehen. Dir standen schnell Tränen in den Augen. Und auch deine Stimme hat oft verraten, wie es dir zumute ist.

So, wie du warst, warst du für mich ein Vorbild. Du hast mir und vielen anderen eindrucksvoll vorgelebt, was Christ-Sein heute bedeutet. Und du warst eine echte Franziskanerin, an der Seite der Schwachen und Kranken, Gescheiterten und Ausgestoßenen. Alle liebevoll umfassend, richtig katholisch. In der Tat.

Liebe Norberta. Wenn wir uns eines Tages wiedersehen, werden wir einander die Tränen abwischen und miteinander weinen vor Freude. Bis dahin versuche ich weiterhin, dein kleiner Bruder zu sein.

Niemand kann dich ersetzen

Das Leben sei wie eine Schachtel Pralinen, man wisse nie, was drin sei. Mit diesen Worten aus dem Film »Forrest Gump« hat der Pfarrer die Ansprache bei deiner Trauerfeier begonnen. Ja, Willy, da hättest auch du geschmunzelt, du, der so gerne Pralinen genascht hat. Nun, es stimmt schon, dass man nie weiß, was im Leben auf einen zukommt. Das ist auch besser, denn wenn wir bei der Geburt schon gewusst hätten, was in unserer Schachtel alles enthalten sein wird, hätten wir wohl noch lauter geschrien, noch heftiger protestiert: Nein, ich spiele nicht mit! Ich will zurück! Aber es gab kein Zurück. Wir mussten mitspielen, und es dauerte nicht lange, da wussten wir, dass es im Leben oft gar nicht pralinensüß zugeht. Es gibt auch viel Saures. Das weißt du noch besser als ich. Dein Leben war kein Pralinenessen. In deiner Schachtel gab es viele saure Kirschen. Die hatten keine Creme, keine Sahne. Der Pfarrer hat uns gesagt, dass Sauerkirschen normalerweise einen höheren Zuckergehalt haben als Süßkirschen, trotzdem sind sie durch den höheren Säureanteil sauer im Geschmack. Das Saure wirkt oftmals stärker als das Süße. Sauerkirschen haben einen harten Stein. An manchen hattest du dein Leben lang zu beißen.

Du warst erst fünf, als deine Mutter starb. Das war ein ganz tiefer Einschnitt in deinem Leben. Kurze Zeit später hast du eine Stiefmutter bekommen, die dich nicht gemocht hat. Und als sie dann zwei eigene Kinder hatte, ging es dir noch schlechter. Du warst in der Familie das fünfte Rad am Wagen und wurdest nur geduldet. Die Wunde des ungeliebten Kindes hast du dein Leben lang in dir getragen. Ob du deshalb so einen unstillbaren Liebeshunger hattest? Auf jeden Fall war deine Lust auf etwas Süßes nicht normal. Wie viele Schachteln Pralinen, wie viele Tafeln Schokolade hast du verschlungen? Von den Unmengen Zucker im Kaffee gar nicht zu reden.

»Meine Süße«, hast du mich immer genannt. Dabei hast du gewusst, Willy, dass ich ganz schön sauer sein kann und nicht nur Schokoladenseiten an mir habe. Aber du hast auch bittere Schokolade gemocht. Ja, du hattest schon einen besonderen Geschmack. Sonst hättest du mich nicht so gerne gehabt. Wir beide waren ein richtiges Paar. Wir haben Süßes und Saures miteinander geteilt. Zusammen sind wir durch dick und dünn gegangen. Wir wussten, was wir aneinander haben. Du warst sehr verständnisvoll, konntest mit anderen gut mitfühlen. Die sauren Kirschen deines Lebens haben dich sensibilisiert für das Leid deiner Mitmenschen. Intuitiv hast du gespürt, was andere brauchen. Du warst ein sehr feinfühliger Mensch. Was ich besonders an dir geschätzt habe, war deine Bescheidenheit. Du hattest mit wenig genug und warst immer zufrieden. Ich habe dich nie meckern hören. Du hast nicht einmal geklagt, als dir am 25. November das Todesurteil eröffnet wurde: Knochenkrebs, Inoperabel. Du hattest im ganzen Körper schon Metastasen. Mit der Zeit bist du immer schwächer geworden. Und auch das

Sprechen ist dir zunehmend schwer gefallen. Aber auch ohne Worte wussten wir, was der andere sagen will. Wir brauchten uns nur anzuschauen. Manchmal saß ich nur stillschweigend an deinem Bett und habe dir die Hand gehalten und gestreichelt. Manchmal konntest du keine Nähe ertragen und hast die Hand zurückgezogen.

Willy, ich habe deine Krankheit mitgetragen, so gut ich konnte. Aber mit der Zeit fehlte mir die nötige Kraft. Ich war mit den Nerven am Ende. Willy, weißt du noch, wie ich dich angeschrien habe, als du das Glas Saft hast fallen lassen? Das tut mir heute noch leid. Denn du konntest doch nichts dafür. Du warst zu schwach, es zu halten. Ganz verdutzt hast du mich angeschaut und gesagt: »Wie du mit mir schimpfst!« Leider kann ich nichts mehr rückgängig machen. Im Nachhinein tut es mir auch Leid, dass ich manchmal so wüst zu dir war und manches Wort mir in meiner Wut rausgerutscht ist. Es tut mir leid, dass ich manchmal so schroff zu dir war. Ich hätte dir viel mehr Zuwendung und Liebe geben sollen. Warum habe ich dir nicht öfters einmal eine Schachtel deiner Lieblingspralinen geschenkt? Das Versäumte nicht wiedergutmachen zu können, das tut weh.

Willy, so gerne hätte ich dich bis zuletzt zu Hause behalten, aber ich war überfordert, der Lage nicht gewachsen. Darum war ich so froh, dass im Hospiz ein Platz für dich frei war. Dort wurdest du bestens versorgt und liebevoll umsorgt. Jeder Wunsch wurde dir erfüllt. Im Hospiz hatten wir noch so manche schöne Stunde. Zum Beispiel an deinem Geburtstag. Obwohl wir wussten, dass es der letzte war, haben wir noch gelacht. Eigentlich wollten wir das Thema Tod von unserem Enkel Gabriel fernhalten, aber irgendwie hat er schon kapiert, warum du im Hospiz bist. Und weißt du noch, was er dir gesagt hat: »So einer wie du, Opa, stirbt nicht. Den muss man erschießen.«

Ja, für unseren Gabriel bist du, der Polizist, auch nach deinem Tod immer noch unsterblich. Nach der Trauerfeier kam der Pfarrer auf uns zu, um uns die Hand zu drücken. Und da hat unser Gabriel ihn dann gefragt: »Kann ich jetzt meinen Opa wieder mitnehmen?« Gestern fragte er mich, ob du im Himmel auch noch Gangster jagst. Ich habe ihm geantwortet, dass es im Himmel keine Gangster gibt. – »Bist du dir denn da so sicher?« entgegnete er mir. Als ich sagte, dass im Himmel alles anders sei auf Erden, wollte er wissen: »Kann der Opa denn im Himmel noch mit beiden Ohren wackeln?« Du Willy, du kannst froh sein, dass du himmlische Fragen deines Enkels nicht beantworten musst.

***

Willy, ich muss oft noch an deine Worte denken: »Ich wusste nicht, dass Sterben so schwer ist.« In den letzten Stunden warst du sehr unruhig und hast immer mit deiner linken Hand herumgemacht. Dabei habe ich gar nicht verstanden, was du eigentlich wolltest. Aber es war dir ganz wichtig, denn immer wieder hast du mit deiner Hand herumgefuchtelt. Ich war so froh, dass unsere Ellen bei dir war. Sie hat dir gut zugeredet und beruhigend auf dich eingesprochen: »Papa, es ist doch alles gut!«, hat sie gesagt. »Lass ruhig los. Es ist alles gut, Papa.« Und mit der Zeit bist du tatsächlich ruhiger geworden. Du hast beide Hände auf die Decke gelegt, deine wunderschönen Hände. Du hast sehr gleichmäßig geatmet und allmählich bist du eingedämmert. Du hast gar nicht mitbekommen, wie du gestorben bist. Nachdem du gestorben warst, haben Ellen und ich geholfen dich herzurichten. Ich habe dir die Augen zugedrückt. Deine Augen, die vor 58 Jahren das Licht der Welt erblickt hatten. Deine Augen, die mir so viel Aufmerksamkeit geschenkt haben. Dir die Augen zu schließen, das hat mich tief berührt. Und als wir dich gewaschen und deine Lieblingskleider angezogen hatten, habe ich dir den VfB-Schal umgelegt. Du, das hättest du sehen sollen! Dein VfB ist dieses Jahr wieder aufgestiegen. Schade, dass du das nicht mehr miterleben konntest. Du hast lange Zeit selbst Fußball gespielt und viele Tore geschossen. Deine Urne als Fußball, das hat zu dir gepasst – auch wenn einige im Ort das nicht »passend« gefunden haben. Aber auch dem Gabriel hat es gefallen und er sagt, dass er nun bei jedem Fußballspiel an dich denken muss.

***

Um mit dir zu reden brauche ich nicht an dein Grab zu gehen. Ich habe im Wohnzimmer einen kleinen Altar aufgebaut mit deinem Bild und einer Kerze. Da spreche ich mit dir, so wie ich es immer getan habe. Manchmal entzünde ich die Kerze und beobachte ihr Schattenspiel auf deinem Gesicht. Manchmal setze ich mich hin und höre die Musik, die du gerne gemocht hast. Dann bist du mir ganz nahe. Nein, Willy, die Verbindung zwischen uns beiden ist mit dem Tod nicht abgerissen. Sie ist immer noch lebendig.

Am Anfang bin ich öfters wütend vor deinem Bild gestanden und habe gesagt: »Du lachst, ja, du hast gut lachen. Warum hast du mich nicht mitgenommen? Warum hast du mich allein zurückgelassen?« Die ersten Monate war es besonders schlimm, morgens ohne dich neben mir aufzuwachen. Beim Essen am Tisch zu sitzen, fällt mir immer noch schwer. Dein Platz ist leer. Allein essen, das schmeckt mir gar nicht. Trotzdem geht es mir oft gut, erstaunlich gut. Es ist nicht so, dass ich immer am Trauern bin. Im Gegenteil. Du warst noch keine Woche tot, da habe ich abends im Fernsehen die Komödie »Vier Hochzeiten und ein Todesfall« angeschaut. Das war lustig. Ich habe so gelacht, dass ich ein schlechtes Gewissen bekommen habe. Kaum liegst du im Grab, und schon lache ich wieder. Und wie ich gelacht habe! Ja, ich schäme mich fast. Aber du hast auch nichts davon, wenn ich in der Trauer versinke. Und das hättest du auch nicht gewollt. Du hast auch nichts davon, wenn ich jammere, dass ich mit 55 Jahren schon Witwe bin. Sicher ist das eine besonders saure Kirsche, aber nach und nach werde ich sie verdauen.

Hin und wieder stelle ich dein silbergerahmtes Bild so, dass du mich anschaust. Du sprichst mich an: »Du, meine Süße ...«. Manchmal höre ich, wie du mich lobst: »Du machst das alles schon ganz gut!« Dabei habe ich manchmal selbst Zweifel, ob es richtig ist, was ich tue. Dir kann ich es ja sagen. Ich habe jemanden kennengelernt – auf dem Friedhof, jawohl, auf dem Friedhof! Ironie des Schicksals, höre ich dich schon sagen. Er ist Witwer und legt immer samstags eine Rose auf das Grab seiner verstorbenen Frau. Sie ist schon seit fünf Jahren tot. Sie hatte Brustkrebs. Wir beide haben uns schon ein paar Mal getroffen. Wir gehen hin und wieder zusammen Kaffee trinken, manchmal ins Theater. Beide reden wir viel über unsere verstorbenen Partner, aber auch über manches andere. Er ist Frührentner und heißt Alfred. Natürlich vergleiche ich ihn mit dir, und er mich sicher auch mit seiner Frau. Das macht es nicht einfach.

Ellen findet es noch zu früh für eine neue Bekanntschaft. Schließlich seiest du erst vor einem halben Jahr gestorben. Unser Peter dagegen freut sich, wenn es ein neues Glück für mich gäbe. Ich weiß nicht, ob du das verstehst, aber ich habe dir gegenüber keine Schuldgefühle. Denn das, was du für mich warst, bist du immer noch. Was du mir bedeutet hast, bleibt bestehen. Eine andere Beziehung wird meine Gefühle für dich nicht schmälern. Niemand kann dich ersetzen. Kein Alfred auf der Welt kann deinen Platz in meinem Herzen einnehmen. Willy, aber dein Leben ist zu Ende, und ich muss meinen Weg ohne dich weitergehen. Ich kann nicht nur zurückschauen, ich muss nach vorne blicken, um voranzukommen.

Übrigens: Alfred hat auch zwei Kinder und vier Enkel. Und er geht auch gerne wandern – so wie du. Ja, es gibt so manche Gemeinsamkeit. Es kann sein, dass wir im September für ein paar Tage zusammen nach Südtirol fahren. Ich hoffe, du hast nichts dagegen einzuwenden. Du hast mir mehrmals gesagt: »Wenn ich nicht mehr bin, dann suchst du dir einen anderen.« Ich suche nicht, aber ich bin offen für Neues.

Willy, Witwe und Witwer, das ist schon eine eigenartige Beziehung. Beide haben den schweren Rucksack der Trauer zu tragen, aber das Miteinander macht ihn leichter. Ich bin selber auch gespannt, wie es weitergeht. Mal sehen, was in meiner Pralinenschachtel noch drin ist.

Willy, heute habe ich dir viel erzählt. Jetzt lege ich noch ein wenig Musik auf. Hörst du mit? Und ich träume noch ein wenig: Kommst du mit?

Du warst das Beste, was mir passieren konnte

Martin, du bist wirklich schön gestorben, auch wenn sich das komisch anhören mag. An jenem Morgen des 20. März hast du deine olivengrünen Augen noch einmal ganz weit geöffnet und so liebevoll gelächelt, wie ich noch nie einen Menschen habe lächeln sehen. Mit einem Lächeln auf den Lippen lagst du da, hast mir zugelächelt. Das war so tröstlich. Ich habe deine Lippen mit dem köstlichen Beaujolais benetzt, von dem du am Vorabend noch ein Glas getrunken hattest. Um acht Uhr habe ich unseren Hausarzt angerufen und gesagt, dass du ganz friedlich eingeschlafen seiest. Ich habe dich bis zum nächsten Nachmittag in der Wohnung behalten und mir genügend Zeit genommen, um mich in aller Ruhe von dir zu verabschieden. Den ganzen Vormittag bin ich noch einmal unseren gemeinsamen Weg durchgegangen, von Anfang an. Du weißt ja, wie wir uns kennen gelernt haben. Ich war mit dem Auto im Industriegebiet unterwegs. Und wie der Zufall es wollte, hatte ich dort eine Panne. Glücklicherweise kamst du in dem Moment an der Stelle vorbei und fragtest mich mit einem Lächeln, ob du mir helfen kannst. Schon merkwürdig, wie viele Zufälle manchmal zusammen fallen. Aber beide haben wir nicht geglaubt, dass unsere Begegnung nur Zufall war. Diese Panne war mein größtes Glück! Du warst das Beste, was mir hätte passieren können.

Nachmittags sind deine Mutter und deine Schwester gekommen. Sie wussten gar nicht, dass es möglich ist, einen Verstorbenen bis zu 36 Stunden daheim zu lassen. Später sind auch David und Michael gekommen. Wir haben zusammen Kaffee getrunken, Kuchen gegessen. Und immer sind wir mal wieder aufgestanden, um nach dir zu schauen und haben ganz normal mit dir geredet, so als ob du noch gelebt hättest.

Als dich dann am nächsten Nachmittag die Leute vom Beerdigungsinstitut abgeholt haben, konnte ich dich gehen lassen. Und ich war froh, mir so viel Zeit genommen zu haben, um von dir Abschied zu nehmen.

Martin, du warst erst 67. Das ist heute noch kein Alter. Aber wenn ein Mensch so krank ist, ist es so, wie die Chinesen sagen: »Es ist besser, ein Jahr zu früh als ein Jahr zu spät zu sterben.« Und Seneca sagt: »Es ist nicht wenig Zeit, was wir haben, sondern es ist viel, was wir nicht nutzen.« Ja, wir vertun unsere Zeit oft mit unnützem Kram, mit belanglosen Dingen. Das merken wir oft erst im Rückblick. Erst im Nachhinein wird mir bewusst, dass wir die Zeit, die uns gegeben wurde, besser hätten nutzen können.

***

»Martin, Martin, all meine Träume heißen Martin, Martin, denn seine Liebe war so schön.«[10] Bei deiner Beerdigung wurde dieses Lied zum Gebet. Gleich bei den ersten Tönen bin ich in die Knie gesunken, in tiefem Schmerz, aber auch in unendlicher Dankbarkeit, dass ich dir begegnet bin. Das war das Beste, was mir hätte passieren können. Du warst meine große Liebe. Was Liebe bedeutet, habe ich erst durch dich erfahren. Martin, ich habe dich so sehr geliebt. Nein, ich liebe dich immer noch, auch wenn du jetzt schon fast ein Jahr von mir gegangen bist. Ich habe mich oft gefragt, was du hattest, was andere nicht haben. Ich glaube, es war nicht diese oder jene Eigenschaft. Es war einfach deine Art, dein ganzes Wesen, das so liebenswert war. Freundlich, offen. Mit deiner Art Mensch zu sein kamst du überall gut an. So wie du warst, hat man dich einfach gemocht.

Du warst von einer tiefen Lebensfreude, von einer Fröhlichkeit beseelt, und die hast du ausgestrahlt. Dir stand immer ein Lächeln im Gesicht. Und dieses Lächeln war ansteckend, hat mir in der Seele gut getan.

Wenn du morgens aufgestanden bist, hast du gleich gesungen und das Radio angemacht. Ich habe dich nie niedergeschlagen gesehen. Schwermut war dir fremd. Froh gesinnt gingst du durchs Leben. Du hast auch dann noch gelächelt, als die Lage todernst war. Auch dann hast du noch deinen Späße gemacht und einen Spruch auf Lager gehabt: Wer früher stirbt, lebt länger ewig. Und auch als der Galgen schon über deinem Bett hing, hast du dich immer noch auf den Arm genommen. Das nenne ich Humor, Galgenhumor. Du wolltest auch nicht, dass wir bei deinem Abschied Trauerkleidung tragen. »Wenn ihr in Schwarz kommt, hüpf ich aus dem Sarg.« Das waren deine Worte.

Und du hast mir auch gesagt, warum du das nicht willst: »Schwarz ist keine Farbe. Es ist die Abwesenheit von Licht, Hoffnung. Und darum trägt man in den östlichen Kulturen weiß, das Licht, das alle Farben in sich enthält.« Du warst zwar kein Buddhist und hast nicht an Reinkarnation geglaubt, aber du warst fest davon überzeugt, dass es ein Leben nach dem Tod gibt. Am 6. August hattest du auf dem Weg ins Marienhospital ein sogenanntes Nahetoderlebnis. Du hast später erzählt, dass du dich irgendwie von deinem Körper gelöst und ihn gesehen hättest, als ob du über ihm schwebtest. Du hast dich ganz erleichtert und befreit gefühlt. Begeistert hast du von dem großen, hellen Licht berichtet, das du gesehen hattest. Du sagtest: »Wenn das, was ich erlebt habe, der Tod ist, ist er etwas ganz Schönes, ein wunderbares Erlebnis.« Seitdem hattest du keinerlei Angst mehr vor dem Tod. Du wolltest, dass wir nach der Trauerfeier eine Party feiern und es richtig krachen lassen. Aber feiere du mal eine Party, wenn du zu Tode betrübt bist. Am Ende der Trauerfeier hat jeder einen Luftballon bekommen und wir haben auf einer Karte aufgeschrieben, was wir dir wünschen. So sind mindestens 150 Ballons in den Farben des Regenbogens zum Himmel aufgestiegen, da wo du inzwischen angekommen warst. Beim Loslassen meines roten Ballons habe ich erst gemerkt, wie schwer es war dich gehen zu lassen. Anschließend sind wir in dein Lieblingslokal gegangen. Und auch wenn wir keine Party gefeiert haben, so haben wir dich doch immer wieder hochleben lassen und auch viel gelacht.

***

Martin, Martin ... Dieses Lied habe ich seit der Trauerfeier schon mindestens fünfzig Mal gehört. Und jedes Mal versetzt mich dieses Lied vor deinen Sarg. Martin, Martin ... Orgelmusik hätte zu dir nicht gepasst. Auch keine Choräle und Kirchenlieder. Du warst schon lange aus der Kirche ausgetreten, obwohl du ein tief religiöser Mensch warst. Du hast oft von Gott gesprochen und regelmäßig mit ihm geredet. Jeden Abend hast du das Vaterunser gebetet. Auch ging dein Blick des Öfteren zu Jesus am Kreuz in unserem Zimmer. Du hast ihn angeschaut und wohl auch mit ihm geredet. Du hast nicht von Auferstehung geredet, aber immer wieder vom Licht. Und so hast du ganz bewusst für deinen Abschied das Lied von Mireille Mathieu ausgewählt: »Die Sonne wartet schon hinterm fernen Horizont.«[11] Der Tod ist nur ein Horizont, eine Grenze. Ganz tapfer bist du auf die Grenze zugegangen, wohl wissend, dass hinter dem Horizont die Sonne auf dich wartet, die niemals untergeht. Darum hast du im letzten Augenblick so glücklich gelächelt, himmlisch gelächelt.

***

Ach Martin, du fehlst. Ohne dich fühle ich mich so leer. »Es gibt unendlich viele Menschen auf der Welt. Aber wenn uns nur ein einziger, ganz bestimmter Mensch fehlt, ist plötzlich die ganze Welt leer.« Diesen Text habe ich über deine Todesanzeige geschrieben. Die Leere, die Lücke, die du hinterlassen hast, die kann niemand füllen. Du warst für mich ein Segen, weil mir durch dich klar geworden ist, dass Schwulsein etwas ganz Natürliches ist. Ich habe mich lange sehr schwer damit getan, anders zu sein als die anderen. Als ich merkte, dass ich mich zu Jungs hingezogen fühle, konnte ich mit niemandem darüber reden. Mit meinen Eltern schon gar nicht, denn ich wusste, was sie denken. Und als es dann immer klarer wurde, habe ich erst mit meiner Mutter darüber geredet. Ihre allererste Reaktion: Dann werde ich keine Enkel haben. Und mein Vater hat gemeint: »Dir fehlt nur die Richtige.« Und später sagte er: »Geh doch mal zum Arzt.« Bei dir war das ganz anders. Deine Eltern hatten kein Problem mit deinem Schwulsein. Durch dich habe ich erst erfahren, was Liebe bedeutet.

Lange habe ich überlegt, was ich auf dein Grab schreibe: Für immer eins. Der Tod ist die Grenze des Lebens, aber nicht der Liebe. Für immer eins.

Ja, ich bleibe mit dir auch über den Tod hinaus verbunden. Vor deinem Tod hast du mir mehrmals gesagt, ich soll nicht allein bleiben und wieder einen anderen suchen. Aber so einen wie dich werde ich nicht mehr finden. Wir hatten beide mehr als genug unverbindliche Beziehungen, bevor wir uns kennen lernten. Aber wir wollten uns ganz bewusst aneinander binden, Freud und Leid miteinander teilen und auch in schweren Zeiten bedingungslos zueinander stehen. Als eines der ersten homosexuellen Paare haben wir entschieden, unsere Partnerschaft eintragen zu lassen. Auf dem Rathaus haben wir uns das Ja-Wort gegeben. Wie gerne hätten wir unsere Liebe auch verbindlich vor dem Altar bezeugt und Gottes Segen für unseren gemeinsamen Weg bekommen. »Aber die Kirche segnet uns doch erst, wenn wir im Sarg liegen«, hast du verbittert gesagt.

Du weißt, dass ich nicht so gläubig bin wie du. Und auch das Beten fällt mir schwer. Aber in einem jüdischen Gebetbuch habe ich einen Text gefunden, der mir aus der Seele spricht:

»Beim Aufgang der Sonne und bei ihrem Untergang erinnern wir uns an sie.
Beim Wehen des Windes und in der Kälte des Winters ...
Beim Öffnen der Knospen und in der Wärme des Sommers ...
Beim Rauschen der Blätter und in der Schönheit des Herbstes ...
Zu Beginn des Jahres und wenn es zu Ende geht ...
Wenn wir müde sind und Kraft brauchen ...
Wenn wir verloren sind und krank in unserem Herzen ...
Wenn wir Freuden erleben, die wir so gern teilen würden ...
So lange wir leben, werden sie auch leben,
denn sie sind nun ein Teil von uns,
wenn wir uns an sie erinnern.«[12]

Ja, Martin, du lebst in mir, du hast dich so tief in mir verinnerlicht, dass die Erinnerung an dich mich immer und überall begleitet. Jeden Tag neu.

Hätte ich es dir doch einmal gesagt

Bärbel, warum habe ich dir nicht einmal gesagt: »Du, ich bin so froh, dass es dich gibt! Du weißt nicht, wie glücklich ich bin, dass du meine Schwester bist, meine große Schwester!« Auf einmal war es zu spät, um dir das noch zu sagen, was ich all die Jahre versäumt habe. Aber wer hätte denn gedacht, dass es am Ende so schnell gehen würde? Du wohl auch nicht. Natürlich wussten wir alle, dass du schwer krank warst, aber mit einem solch schnellen Tod hatte niemand gerechnet.

Am Montag, dem 15. März, warst du wegen einer schweren Lungenentzündung ins Krankenhaus gekommen. Am Samstag ging es dir schon wieder besser. Und als ich am Sonntagmorgen zu dir kam, warst du schon eine Viertelstunde von uns gegangen. Wir kamen zu spät. Niemand war bei dir, als du starbst. Du warst ganz allein. Das bereitet mir immer noch Schuldgefühle, und nicht nur mir. Aber vielleicht hättest du nicht gehen können, wenn wir bei dir gewesen wären und dich gehalten, zurückgehalten hätten. Ganz still und leise hat der große schwarze Vogel dich geholt, so wie es in deinem Lieblingslied von Ludwig Hirsch heißt: »Komm, großer schwarzer Vogel, jetzt wär's grad günstig ... wenn wir ganz leise sind, hört uns die Schwester nicht.«[13]

Ja, die Krankenschwester hat auch nichts bemerkt. Um acht Uhr war sie noch bei dir im Zimmer und da hast du noch ganz fest geschlafen. Und als sie um neun Uhr nach dir schaute, warst du schon weggeflogen.

Fassungslos stand ich an deinem Bett, Bärbel, und habe dich immer wieder bei deinem Namen gerufen, aber du bist nicht wieder aufgewacht. Ich habe dich zärtlich gestreichelt, dir tausend liebe Worte gesagt. Meine Tränen sind auf dein Nachthemd gefallen. Und während ich mich bei dir ausgeweint habe, hörte ich dich singen: »Und dann fliegen wir rauf, mitten in Himmel rein. Und ich werd' singen, ich werd' lachen, ich werd' ‚das gibt's net" schreien, ich werd' singen, ich werd' lachen, ich werd' endlich glücklich sein.«[14]

Inzwischen waren auch die anderen gekommen. Alle haben geweint, geheult und nur gesagt: »Das gibt's nicht.« Der Stationsarzt hat gemeint, dass ein Nierenversagen zu deinem unerwartet schnellen Tod geführt haben könnte. »Das gibt's nicht«, hörte ich deinen Mann und meine Mutter gleichzeitig sagen. »Das gibt's nicht.« Wie oft ist dieser Satz nach deinem Tod gefallen. Bis Juli hattest du noch gearbeitet. In August warst du noch bei unserer Hochzeit und hattest dich wieder aufgerappelt. Als der Sommer zu Ende ging, hat sich dein Zustand verschlechtert, doch du hast es dir nicht anmerken lassen. Du hast anderen überhaupt nicht gezeigt, wie schwer du es manchmal hattest. Wenn wir dich gefragt haben, wie es dir geht, hast du immer geantwortet: »Mir geht's gut.« Du hast es selbst dann gesagt, als es dir offensichtlich schlecht ging. Du wolltest nicht, dass wir uns noch mehr Sorgen um dich machen. Du hast uns manches nicht gesagt, nur um uns zu schonen, zu schützen.

***

Du hast alles allein mit dir ausgemacht. Dabei musst du manchmal doch ganz verzweifelt gewesen sein. Aber du hast mit niemanden über deine Gefühle, über deine Ängste geredet. Mit deinem Mann nicht, mit unseren Eltern nicht, und mit uns Geschwistern auch nicht. Vielleicht wolltest du uns gegenüber keine Schwäche zeigen. Für uns warst du ja immer die starke, die große Schwester. Bevor du etwas gesagt hättest, hast du es lieber hinuntergeschluckt. Bist du vielleicht deshalb krank geworden? Ich habe einmal gelesen, dass Tumore die nicht geweinten Tränen sind. Das klingt ziemlich poetisch, aber ich glaube schon, dass die zurückgehaltenen Tränen krank machen können. Als der Tumor an den Nieren entdeckt wurde, hatten wir gehofft, er sei gutartig. Leider war er bösartig. Und ein paar Monate später stellte sich dann heraus, dass dieser Tumor die Tochtergeschwulst von einem anderen Krebsgeschwür war. Mein Gott, war das ein Schock! Für dich, für uns alle. Trotzdem hast du die Hoffnung nicht aufgegeben und weiter gegen die Krankheit angekämpft. Mit jeder Chemotherapie ist deine Hoffnung weiter gewachsen. Aber nach jeder Chemo ging es dir tagelang sehr übel. Die Haare sind dir ausgefallen. Doch du hast keine Perücke getragen. Mit dem Kopftuch bist du ins Büro gegangen. Du bist dazu gestanden, dass du Krebs hast.

Manchmal hast du dich wohl auch gefragt, ob es nicht besser sei, mit der quälenden Behandlung aufzuhören. Und du hast sicher oft auch an Onkel Hans gedacht, der trotz der vielen Chemos am Ende ein lebender Leichnam war.

Das Auf und Ab der Gefühle, das Hin und Her zwischen Hoffnung und Bangen, zwischen Zuversicht und Verzweiflung muss dich zermürbt haben. Ich habe mich oft gefragt, woher du die Kraft genommen hast, das alles durchzustehen. Ich hätte das nicht geschafft. Gut, wir haben deine Krankheit mitgetragen, aber wir konnten dir nichts abnehmen. Du hattest die ganze Last zu tragen. Du musstest mit dem Damoklesschwert leben.

Bärbel, ich habe dich im Stillen oft bewundert. Obwohl du körperlich so schwach warst, warst du doch noch so stark. Mit deiner inneren Stärke hast du uns die Kraft gegeben, dir weiterhin beizustehen. Manchmal hast du mich getröstet. »Jetzt weine doch nicht«, hast du gesagt. »Hör doch auf zu heulen.« Mehrmals hast du mir die Tränen vom Gesicht gewischt.

***

Als der Kampf immer aussichtsloser wurde, hast du nicht aufgegeben und wolltest es mit einer neuen Therapie versuchen. Da musstest du eine ganz bittere Erfahrung machen. Die Krankenkasse wollte die Therapie nicht bezahlen, weil es sich in deinem Fall ohnehin nicht mehr lohnen würde. So direkt hat man dir das zwar nicht gesagt. Es hieß: Austherapiert. Auf Deutsch: Ausrangiert.

Die Mediziner können doch sonst alles: Sie verpflanzen Herzen, machen Halbtote wieder gesund, aber mit ein paar Krebszellen werden sie nicht fertig. Mein Gott, muss das schlimm für dich gewesen sein, als die Ärzte dir mitgeteilt haben: »Für Sie können wir leider nichts mehr tun. Da kann man nichts mehr machen.« Haben sie dich auch gefragt, was das mit dir macht?

Bärbel, du warst etwas ganz Besonderes. Das sagen auch unsere beiden anderen Schwestern. Von Kindesbeinen an hast du dich um uns gekümmert. Du warst unsere zweite Mutter. Du hast für uns Jüngere gesorgt, hast Pfannkuchen für uns gebacken mit viel braunem Zucker drauf. Wie war das lecker. Jedes Mal, wenn ich jetzt Pfannkuchen esse, denke ich an dich und bin dir ganz nahe. Es ist, als ob meine Seele dann eins wird mit dir.

Weiß du noch, wie du mich abends ins Bett gebracht hast? Bevor du mir einen Gutenachtkuss gegeben hast, haben wir zusammen gebetet: »Müde bin ich, geh zur Ruh, schließ die müden Äuglein zu. Vater, lass die Augen dein über meinem Bette sein.«[15] Du hast die Tür immer einen Spalt offengelassen, weil du wusstest, dass wir sonst Angst haben. Du hast überhaupt sehr viel Verständnis für uns gehabt. Wenn es mit den Eltern Probleme gab, hast du oft versucht, zu vermitteln. Und auch als wir schon größer waren und wir manchen Mist gebaut hatten, hast du uns in Schutz genommen.

Es gibt so vieles, wofür ich dir dankbar bin. Warum habe ich dir nicht ein einziges Mal gesagt: »Du, ich bin so froh und dankbar, dass du meine Schwester bist?!« Dabei habe ich oft die Gelegenheit dazu gehabt. Wie viele Male saß ich allein an deinem Bett, habe mit dir über alles Mögliche gesprochen. Warum habe ich dir nicht gesagt, was ich selbst auch so gerne höre: »Gut, dass es dich gibt?!« Warum habe ich nicht … Hätte ich doch … Könnte ich doch nur … Meine Selbstvorwürfe nutzen dir jetzt auch nichts mehr. Sicher habe ich dir manchmal mit einem Geschenk gezeigt, dass ich dich gerne habe. Aber warum habe ich es dir nicht *ohne Verpackung* einfach gesagt: »Wie schön, dass es dich gibt«.

Ich will dich nicht auf ein Podest stellen. Du hattest auch weniger gute Seiten und konntest richtig zickig und nachtragend sein. Trotzdem habe ich zu dir hinaufgeschaut. Du warst in vielem mein Vorbild, hast mir vorgelebt, wie wir auch mit dem Schweren im Leben fertig werden können. Nie habe ich dich klagen hören, obwohl du dazu manchmal allen Grund gehabt hättest. Du hast nicht gehadert und gefragt: »Warum ich? Warum ausgerechnet ich?« Ich weiß, dass es auf die Warum-Frage keine Antwort gibt. Und trotzdem frage ich: Warum du? Warum gerade du?

Du hast es im Leben viel schwerer gehabt als ich. Als ganz kleines Kind hattest du schon eine schwere Lungenentzündung zu überstehen, mit vier Jahren eine Knochen-Tuberkulose. Du warst überhaupt ziemlich kränklich, aber trotzdem unglaublich zäh. Du warst eine starke, eine willensstarke Frau. Was du dir in den Kopf gesetzt hattest, das musste sein.

***

Bärbel, jedes Mal, wenn man mich auf deinen Tod anspricht, laufen mir die Tränen herunter. Und es dauert ziemlich lange, bis ich mich wieder gefangen habe. Ja, dein Name braucht nur zu fallen, und schon schießen mir die Tränen in die Augen. Ich weiß, dass der Schmerz für unsere Eltern vielleicht noch größer ist. Denn was gibt es Schlimmeres, als dem eigenen Kind ins Grab zu sehen? Aber ich leide auch, mehr als ich dir sagen kann. Ja, jeder spürt seinen eigenen Schmerz am tiefsten. Und alle reden wir immer noch von dir. Wir können dich nicht vergessen. Und auf deinem Grab liegt oft ein Strauß Blumen oder eine Rose. Das zeigt, dass auch deine Freundinnen und Freunde immer noch an dich denken und du nicht vergessen bist.

Ich bringe dir jedes Mal eine Kerze mit und zünde sie für dich an. Dabei kommt mir immer wieder der Spruch in den Sinn, den du mir damals gesagt hast, als mein Freund dich hat sitzen lassen: »Immer wenn du meinst, es geht nicht mehr, kommt von irgendwo ein Lichtlein her.« Ja, ich habe schon mehrmals geglaubt: Es geht nicht mehr. Das schaffe ich nicht. Aber siehe da: Jedes Mal kam von irgendwo ein Lichtlein her. Plötzlich hat sich in all dem Dunkel doch noch ein Hoffnungsschimmer gezeigt. Manchmal kam das Lichtlein aus einer Ecke, aus der ich es am allerwenigsten erwartet hätte. Oder zu einem völlig unverhofften Zeitpunkt.

Vor deiner Beerdigung gab es dunkle Wolken und es hat auch geregnet. Der Himmel hat mitgeweint. Auch in der Trauerhalle war es düster. Bis ein Sonnstrahl durchs Fenster kam und auf deinen Sarg fiel. Dieser eine Strahl war so stark, dass er den ganzen Raum erhellt hat.

Bärbel, als du durch das Dunkel des Todes gingst, kam bestimmt von irgendwo auch ein Lichtlein her. Ein kleines Licht, das immer heller und heller geleuchtet hat, so hell, dass es dafür nicht einmal ein Wort gibt. Das gibt's nicht. Das gibt's net!

Ich habe dich in den Schlaf gesungen

Mutter, wie an jedem Samstagnachmittag bin ich zu dir ins Heim gekommen. Diesmal hast du dich ganz schwach und müde gefühlt. Ich saß an deinem Bett, habe deine Hand gestreichelt und gesungen: »Am Brunnen vor dem Tore, da steht ein Lindenbaum. Ich träumt' in seinem Schatten so manchen süßen Traum« .... »Alle meine Entchen schwimmen auf dem See, schwimmen auf dem See, Köpfchen in das Wasser, Schwänzchen in die Höh« ... »Großer Gott wir loben dich, Herr, wir preisen deine Stärke, vor dir neigt die Erde sich und bewundert deine Werke« ... »Vor der Kaserne, bei dem großen Tor, stand eine Laterne und steht sie noch davor« ... »Der Mond ist aufgegangen, die goldnen Sternlein prangen am Himmel hell und klar. Der Wald steht schwarz und schweiget und aus den Wiesen steiget der weiße Nebel wunderbar«[16]. – Mutter ich habe alles gesungen, was mir in den Sinn gekommen ist, quer durch. Und natürlich auch die Lieder, die du mir früher als Kind beim Einschlafen gesungen hast: »Weißt du wie viel Sternlein stehen an dem blauen Himmelszelt. Weißt du wie viel Wolken gehen weithin über alle Welt? Gott der Herr hat sie gezählet, dass auch nicht eines fehlet an der ganzen großen Zahl, an der ganzen großen Zahl«[17] ... Dich dieses Lied singen zu hören war für mich so beruhigend, dann wusste ich: Alles ist gut. Und dann hast du noch gesungen: »Abends, wenn ich schlafen geh, vierzehn Engel um mich stehn: zwei zu meinen Häupten, zwei zu meinen Füßen, zwei zu meiner Rechten, zwei zu meiner Linken, zwei, die mich decken, zwei, die mich wecken, zwei, die mich weisen zu Himmels-Paradeisen.«[18] Ja, Mutter, und während ich so gesungen habe, bist du für immer eingeschlafen. Ich habe gar nicht gemerkt, dass die Engelein dich holen und ins Paradeis geleiten. Einfach himmlisch. Und dann gibt es immer noch Leute, die behaupten, es gäbe keinen schönen Tod. Was gibt es Schöneres als so sanft für immer einschlafen zu dürfen!? Aber auch wenn ich erleichtert bin, dass du so schön hast gehen dürfen, bin ich dennoch auch tief traurig. Denn niemals mehr werde ich zu dir hingehen können. Niemals mehr werde ich dich sehen, dein gütiges Gesicht. Niemals mehr werde ich deine Hand noch streicheln können. Niemals mehr wirst du mich noch berühren können. Niemals mehr werde ich deine Stimme hören. Es ist dieses niemals mehr, dieses Endgültige, dass es mir so schwer macht, dich für immer gehen zu lassen. Niemals mehr werde ich meinen Namen noch aus deinem Mund vernehmen: Sybille. So wie du es gesagt hast, war es wie ein Streicheln über meine Haare: Sybille.

***

Im September 2017 wärst du 102 geworden! Du hast 25 Jahre, ein Vierteljahrhundert länger gelebt als der statistische Durchschnitt. Was hast du in allen diesen Jahren nicht durchgemacht, durchlitten? 1940 habt ihr geheiratet. Ab an die Front. Was er da getan hat, darüber hat er nie geredet. Erst recht nicht über die Zeit in russischer Gefangenschaft. Kein einziges Wort hat er darüber geredet, weder mit dir noch mit mir. 1946 kam er heim, zerstört an Leib und Seele. Davon hat er sich nie erholt. 1988 starb er an seinem 4. Herzinfarkt, an seinem gebrochenen Herzen. Anschließend bist du wieder ein wenig aufgelebt, aufgeblüht. Du hast dir etwas gegönnt, bist mal ins Café gegangen und auch ins Theater. Mit der Zeit ging es dir gesundheitlich schlechter und du bist mehrmals gestürzt. Aber auch mit 97 hättest du noch zu Hause bleiben können, aber du wolltest keine Polin oder Bulgarin. »Mir kommen keine fremden Leute ins Haus«, hast du gesagt. »Und ins Heim gehe ich auch nicht; lieber bringe ich mich um.« Ich wusste, dass das keine leere Drohung war. Nach deinem schweren Sturz aber bist du ins Krankenhaus gekommen und warst auf den Rollstuhl angewiesen. Die Ärzte weigerten sich, dich nach Hause zu entlassen und so bist du dann gegen deinen Willen ins Heim gekommen. Daran hast du mir die Schuld gegeben. Aber ich konnte dich nicht nehmen, da ich noch arbeiten gehen musste. Trotzdem hast du mir das sehr übel genommen. Du konntest furchtbar stur sein, aber ich auch. Ich habe meinen Dickschädel von dir. Eine Zeitlang gab es totale Funkstille zwischen uns.

Eines Tages hast du mich angerufen und dich entschuldigt: »Es tut mir furchtbar leid«, hast du gesagt und mich gebeten wieder zu dir zu kommen. Und so haben wir uns dann versöhnt und haben ausgeräumt, was zwischen uns stand. Schon lange hatten wir wieder eine gute, harmonische Beziehung zueinander. »Mutti, alles ist gut«, habe ich oft gesagt und dir die Hand gestreichelt. Und du hast genickt und gelächelt. Ich mag gar nicht daran denken, wie es für mich gewesen wäre, wenn du während unseres »kalten Krieges« gestorben wärst. Dann hätte ich mir immer Vorwürfe gemacht und keinen Frieden gefunden. Nun aber ist alles gut, wirklich gut.

***

Einhundert und anderthalb Jahre: ein schönes Alter, könnte man meinen. Ein sehr hohes Alter, ja, aber schön? Im Altenheim zeigt sich, dass es nicht schön ist, so alt zu werden. Es ist um Angst zu bekommen. Wenn ich sehe, wie manche da in ihrem Stuhl hängen, wie sie ausschauen, wie sie rufen und schreien. Einige sind so dement, dass sie ihre eigenen Kinder nicht mehr kennen, wissen kaum noch, wer sie sind. Und alle werden sie gewindelt, wie ein Baby. Was das mit einem macht, das weißt du selbst besser als ich. Im Vergleich zu den meisten anderen Heimbewohnern hast du noch relativ viel Besuch bekommen. Aber auch du hast dich oft einsam gefühlt. Und je älter du wurdest, um so mehr hast du dich beklagt: »Alle anderen sind weggestorben. Es ist niemand mehr da, dem du sagen kannst: Weißt du noch, damals ...? Es ist bitter, keine Erinnerungen mehr mit anderen teilen zu können.« Du warst lebensmüde, lebenssatt. Du hattest dieses Leben satt, das jeden Tag gleich ist. Du hast dich nicht einmal auf deinen hundertsten Geburtstag gefreut. Als wir dir sagten, dass da sicher der Bürgermeister kommt, war deine Antwort: »Ach, könnte ich doch sterben.«

Du hast oft gefragt: »Was soll ich noch hier? Wozu jeden Morgen noch aufstehen? Was ist der Sinn?« Manchmal warst du ganz tief unten und hast auch mit mir darüber geredet, Schluss zu machen. So als wolltest du dein Vorhaben von mir genehmigen lassen. Ich habe dir zwar nicht zugeraten, aber dir gesagt, dass ich glaube, es verstehen zu können. Trotzdem bin ich froh, dass du deine Gedanken nicht in die Tat umgesetzt hast, denn es wäre für mich doch schwer gewesen, damit zu leben. Ich weiß nicht genau, was dich davon abgehalten hat, aber es war wohl auch dein Glaube an Gott, den Herrn über Leben und Tod. Auch wenn du manchmal ganz tief unten warst, irgendwie bist du doch immer wieder aus dem Tief herausgekommen dank deinem Gottvertrauen. Wie oft hast du still oder laut das Gebet gesprochen, das dir gerade in dunklen Stunden Halt gegeben hat:

»Ich weiß keinen Weg, doch du kennst ihn wohl.
Ich weiß keinen Rat, doch du hast ihn schon.
Ich weiß keinen Trost, doch du gibst ihn mir,
mein Vater,
Mein Herze vertrauet dir.«[19]

Ja, dein Vertrauen hat dir geholfen, durchzuhalten bis zuletzt. Dieses »doch du, mein Vater« war dein Rettungsring, an dem hast du dich festgeklammert, als du unterzugehen drohtest.

Mutter, am Ende der Trauerfeier sind wir hinter deinem Sarg hergegangen und haben dich ins Krematorium begleitet. Vor unseren Augen wurdest du ins Feuer geschoben. Das war sehr bewegend, dich in Flammen aufgehen zu sehen. Aber der göttliche Funke in dir, der konnte nicht verbrannt werden. Als dein Sarg so vor der Ofentür stand, habe ich erst die Worte von Franz von Assisi richtig verstanden, die ich über deine Todesanzeige geschrieben hatte:

»O Herr, in deinem Arm bin ich sicher.
Wenn du mich hältst,
habe ich nichts zu fürchten.
Ich weiß nichts von der Zukunft,
aber ich vertraue auf dich.«[20]

***

Mutter, du weißt, dass wir von Kerstin schon lange, sehr, sehr lang nichts mehr gehört haben. Ich habe sie auch telefonisch nicht erreicht, um ihr zu sagen, dass du gestorben bist. Seit 20 Jahren lebt sie in Amerika und war schon immer dein großes Sorgenkind. Wie weh es dir als Mutter getan hat, keinen Kontakt mehr mit ihr zu haben, das weißt nur du. Es war ein Dauerschmerz, auch wenn du schon seit langem nicht mehr davon geredet hast. Und ich habe das Reizthema auch schon lange nicht mehr angesprochen. Aber nun möchte ich schon wissen, wo sie ist. Vielleicht lebt sie schon gar nicht mehr. Wie viele Tode bin ich schon gestorben! Mein Mann Richard kam mit 46 bei einem Verkehrsunfall ums Leben. Ein Jahr nach Richard ging unsere Esther. Sie konnte ohne ihren Papa nicht leben, schrieb sie in ihrem Abschiedsbrief. Der Partner geht von der Seite, ein Kind aus dem Herzen. Dich gehen lassen zu müssen, war noch einmal ein anderer Schmerz. Mutter, ohne dich hätte es mich niemals gegeben. Das wusste ich eigentlich schon als Kind, aber trotzdem ist es mir nach deinem Tod erst vollends bewusst geworden. Dir verdanke ich mein Leben. Und dafür bin ich dir unendlich dankbar. Das ist das allerschönste, allergrößte Geschenk, das du mir gegeben hast.

Inzwischen bin ich 77 und habe auch größere gesundheitliche Probleme. Ich fürchte, dass ich schwer krank sein könnte. Zum Arzt gehe ich aber nicht, denn ich habe Angst, was dabei heraus kommen könnte. Da merke ich, wie sehr ich doch am Leben hänge, auch wenn es immer beschwerlicher wird. Auch habe ich schon einige Male gedacht: Alle müssen sterben, nur ich nicht. Ja, jeder Mensch träumt wohl davon, wie schön es wäre, wenn sein Leben kein Ende hätte.

Aber wenn ich dann an dich denke, komme ich doch auf andere Gedanken. Denn wenn wir nicht sterben müssten, würde sich alles endlos wiederholen, tagaus, tagein, jahraus, jahrein. Es würde immer so weiter gehen ohne Ausgang, ohne Exitus. Wir würden uns buchstäblich zu Tode langweilen. Die Unsterblichkeit wäre tödlich. Wir würden uns am Ende das Leben nehmen oder uns gegenseitig umbringen. Mir ist inzwischen klar geworden:

Wenn wir nicht sterben müssten, wüssten wir nicht, was Leben heißt. Der Tod gibt unserem Leben erst einen Sinn. Das Wissen um das ungewisse Ende unseres Lebens hilft uns endlich zu leben: Heute ist der Tag!

Wir reden immer vom Tod als sei er der größte Feind, der mit allen möglichen Mitteln bis zum letzten Atemzug bekämpft werden muss – der Tod-feind eben. Aber wie oft kommt der Tod wie ein guter Freund zu Menschen, deren Augen müde geworden sind, deren Hände nicht mehr festhalten wollen und die sagen: Es reicht.

Mutter, Menschen, die jetzt geboren werden haben gute Aussichten 115 zu werden, aber die meisten von ihnen möchten das nicht. Sie ahnen wohl, was da auf sie zukommt.

Mutter, auch wenn ich viel früher gehen muss als du, hoffe ich doch, dass ich auf meinem Weg so weit komme wie du, und es am Ende gut sein lassen kann.

Und wenn ich dann auch in den Schlaf gesungen werde ...

So vieles bin ich dir schuldig geblieben

Horst, heute stehe ich zum ersten Mal an der Stelle, wo es vor zwei Jahren am 27. Oktober geschehen ist. Bisher habe ich die »Todesstraße« gemieden und lieber einen Umweg gemacht, als hier vorbei zu kommen. Heute habe ich mir ein Herz gefasst und bin die Straße entlang gefahren, auf der dein Leben so tragisch endete. Je näher ich der Unfallstelle kam, umso langsamer fuhr ich. Mein Fuß löste sich wie von selbst vom Gaspedal. Die Autofahrer hinter mir verstanden natürlich nicht, warum ich so langsam fuhr. Einige hupten, einer hob wütend die Faust, ein anderer zeigte mir den Vogel. Ich fuhr langsam an den Straßenrand und stieg aus. Jetzt stehe ich hier vor deinem Kreuz hinter der Leitplanke. Deine Freunde haben dir das Kreuz errichtet und pflegen es immer noch liebevoll.

Dein Kreuz. Horst, darunter dein Geburtsdatum und dein Todestag. Dieses Kreuz steht für den Schlusspunkt deines Lebens. Es ist kaum zu glauben, dass du auf dieser geraden Strecke ums Leben gekommen bist. Was ist denn passiert? Die Polizei sagt, dass du etwa einhundert Stundenkilometer schnell gefahren sein musst, obwohl nur siebzig erlaubt sind. Aber viele fahren noch viel schneller und denen geschieht nichts. Wie konnte es nur zu dem Unfall kommen? Das haben wir uns schon so oft gefragt.

Eine kleine Unachtsamkeit? Hast du vielleicht am Radio einen Sender gesucht? Hat dein Handy vielleicht geklingelt? Wolltest du jemanden anrufen? Aber das hätte die Polizei uns doch gesagt. Wahrscheinlich warst du in Gedanken wieder einmal woanders. Gerade in letzter Zeit warst du besonders oft zerstreut. Hast du denn nicht gesehen, dass dir ein LKW entgegenkommt? Oder bist du absichtlich in ihn gerast? Auch der LKW-Fahrer kann es nicht genau sagen. Er stand nach dem Zusammenprall total unter Schock. Und später hat er gesagt, dass er sich nicht mehr genau erinnern kann. Und so tappen wir immer noch im Dunkeln und fragen uns noch immer, was da am 27. Oktober um 16.48 Uhr genau geschehen ist. War es ein Suizid?

Vor zwei Jahren, Horst, hattest du einen Unfall mit deinem Fahrrad. Du warst schwer verletzt, musstest mehrmals operiert werden. Nach einigen Rehas hast du langsam wieder ins Leben zurück gefunden. Du bist wieder arbeiten gegangen und bist auch wieder Fahrrad gefahren. Trotzdem warst du nicht mehr der, der du vorher warst. »Das bin nicht mehr ich«, hast du gesagt. Als sei bei dem Unfall etwas in dir zerbrochen, was nicht wieder »repariert« werden konnte. Von Suizid hast du nie gesprochen, obwohl es so gewesen sein könnte. Aber was könnte dich denn in den Tod getrieben haben? Wir haben immer noch den leisen Verdacht, dass du schwul warst. Auch wenn du das uns gegenüber eindeutig verneint hast. Aber eine Freundin hast du auch nie gehabt. Auf jeden Fall rätseln wir immer noch an deinem Satz herum, dem du

Wolfram, deinem besten Freund gesagt hast: »So kann ich nicht mehr leben.« Was hast du mit diesem »So« gemeint? Trotzdem kann ich kaum glauben, dass du deinen Tod absichtlich herbeigeführt hast. Denn du hast überhaupt nicht zur Schwermut geneigt. Du warst immer so unbeschwert, hast dir keine Sorgen um Morgen und Übermorgen gemacht. Hast du wirklich keinen anderen Ausweg mehr gesehen, als mit voller Wucht in den LKW zu rasen? Aber wieso hast du denn den Fahrer noch mit hineingezogen? Und woher konntest du so sicher sein, dass du den Aufprall nicht überlebst? Oder war es in dem Moment die pure Verzweiflung, die dich Vollgas geben ließ? Wir werden es nie mehr erfahren und müssen uns damit abfinden, dass dein Leben hier ein Ende fand. Auch wenn wir genau wüssten, was zu deinem Tod geführt hat, würde das dich uns nicht zurückbringen. Aber dann könnten wir es vielleicht eher annehmen und würden uns nicht länger den Kopf zerbrechen.

Dieses Kreuz steht auch für unseren Kreuzweg, denn dein Tod hat auch unseren Weg durchkreuzt. Seitdem sind wir nicht mehr die, die wir vorher waren. Dein Tod war die Bruchstelle in unserem Leben. Hier an dieser Stelle haben auch wir ein Stück weit unser Leben gelassen.

Nicht nur für deine Mutter und mich ist dein Tod ein schwerer Verlust, auch dein Bruder Heinz leidet immer noch sehr. Ihr beide wart richtige Brüder, habt von Kindesbeinen an alles zusammen getan. Ihr zwei seid zusammen aufgewachsen, habt zusammen Fußball gespielt, seid miteinander in die Disco gegangen und habt zusammen gezeltet. Ihr konntet gut miteinander reden, die Gesprächsthemen sind euch nie ausgegangen. Und auch die Kinder vom Heinz sind immer noch tief traurig, denn du warst ihr geliebter Onkel.

***

Hier an diesem Kreuz sehe ich auch wieder deine Beerdigung vor mir. Wie ein Film laufen die Bilder vor meinen Augen ab. So viele Menschen, so viele Worte, so viele Blumen, so viele Kränze, so viele Tränen – alles um dich, alles für dich.

Horst, unserem Paulo ist sogar eine Träne über die Schnauze gelaufen. Ja, Paulo war auch bei deiner Abschiedsfeier. Du weißt gar nicht, wie viel Überredungskunst es gekostet hat, dass dein Paulo bei deinem Begräbnis dabei sein durfte. Hunde sind auf dem Friedhof verboten. Und erst recht dürfen sie nicht in die Trauerhalle, hat uns der Herr vom Friedhofsamt mitgeteilt. Das würde die Pietät stören. Daraufhin habe ich versucht, seinem Vorgesetzten klar zu machen, dass Paulo zu unserer Familie gehört und der Hund auch ein Angehöriger ist. Weiter habe ich ihm erklärt, dass du eine ganz enge Beziehung zu Paulo hattest und er dich so lieb hatte. Du hast ihm beim Metzger oft seinen Lieblingsknochen geholt und bist immer wieder mit ihm stundenlang durch den Wald gelaufen.

Vielleicht hat der gute Mann selbst einen Hund, dass er so viel Verständnis hatte. Oder ich habe ihm leidgetan. Vielleicht wollte er mich auch nur loswerden. Wie auch immer: Paulo durfte bei deinem Abschied dabei sein, vorausgesetzt, dass er sich ruhig verhalte und die Trauerfeier nicht störe. Das habe ich ihm in die Hand versprochen. Paulo war auch sehr ruhig. Nur als dein Sarg hereingefahren wurde, hat er ein paar Mal gejault. Aber danach hat man von ihm nichts mehr gehört. Nach der Trauerfeier ist Paulo als erster hinter deinem Sarg hergelaufen. Das hättest du sehen sollen! Paulo hatte einen schwarzen Seidenschal um den Hals. Er hat auch Trauer getragen und ganz traurig geschaut. Er hat wohl gespürt, dass er dich auf deinem letzten Weg begleitet und du nicht wiederkommst.

***

Horst, ich weiß nicht, was ich dir wünschen soll? Dass du weiterlebst in einer anderen Welt und dort findest, was du hier auf Erden vielleicht vergeblich gesucht hast? Aber ehrlich gesagt: Ich glaube, dass mit dem Tod alles aus ist. Ich denke, dass die meisten deshalb an ein Weiterleben glauben, weil sie sich mit dem Tod nicht abfinden können.

Du weißt, wir beide haben auch manchmal über dieses Thema gesprochen. Und ich weiß noch, was du gesagt hast. »Ich glaube an die Wiedergeburt.« Ja, das wäre schön, wenn du im Tod noch einmal neu geboren würdest und du noch einmal von vorne anfangen könntest. Aber ich für mich möchte das nicht. Ich möchte nach dem Tod meine Ruhe haben. Ich möchte nicht irgendwo aufwachen, wo ich dann wieder ganz von vorne anfangen müsste. Nein, ich möchte tot sein, richtig tot. Ich möchte nicht erneut geboren werden oder zum ewigen Leben verdammt sein. Ich möchte in Frieden ruhen können, für immer schlafen, ohne wieder aufzuwachen. Für mich wäre es eine Qual nach meinem Tod gegen meinen Willen weiterleben zu müssen. Ich glaube auch nicht, dass wir Menschen für die Ewigkeit geschaffen sind. Wir Menschen nehmen uns zu wichtig und können uns nicht damit abfinden, dass auch wir sterben müssen – wie ein armer Hund. Nur mit dem Unterschied, dass der Hund nichts von seiner Endlichkeit weiß. Wir aber wissen es und denken darüber nach.

***

Seit deinem Tod fallen mir erst auf, wie viele Kreuze am Straßenrand stehen. Früher habe ich kaum welche bemerkt. Und jedes Mal nehme ich den Fuß vom Gas und fahre langsamer. Und immer wieder denke ich: Das darf doch nicht wahr sein – ein Kreuz oder gar mehrere Kreuze auf einer nahezu geraden Strecke. Hier wird offenbar am meisten gerast und überholt. Und jedes Mal blieb da ein Mensch auf der Strecke. Ein Mann, eine Frau, eine Mutter, ein Vater, und nicht selten ein Kind. Jedes Jahr sind es viele Tausende, die auf der Straße ihr Leben verlieren.

Horst, hier an deinem Kreuz möchte ich dir sagen, wie leid es mir tut, dass ich dir kein besserer Vater war. Das bereue ich zutiefst. Im Nachhinein ist mir erst richtig klar geworden, wie sehr du zu kurz gekommen bist. Ich hatte keine Zeit, um mit dir zu spielen oder einfach für dich da zu sein. Am Sonntagabend ging ich aus dem

Haus und kam Freitagabend heim. Samstags saß ich unten in meinem Büro bis zur Sportschau. Du sagtest in der Schule: »Ich habe einen Wochenend-Papa.« Ja, ich war ein wahrer Workaholic, süchtig, besessen von meinem Beruf. Ich wollte auf keinen Fall in die Armut zurückfallen, die ich in jungen Jahren bitter erlebt hatte. Wenn ich keine verschimmelten Brote gegessen hätte, wäre ich verhungert. Doch das ist keine Entschuldigung, dass ich dich und deine Schwester so vernachlässigt habe. Ich habe euch abgespeist mit Geld und Geschenken, statt euch Liebe zu geben. Aber wie hätte ich euch geben können, was ich selbst nicht bekommen habe? Ich selbst wurde mit harter Hand erzogen, groß gezogen. Mein Vater war unheimlich streng. Ich hatte nur Angst vor ihm. Und auch meine Mutter hat mich nie in den Arm genommen oder mit mir gekuschelt. Und dann war ich noch fünf Jahre in einem katholischen Internat. Da wurde uns Angst eingejagt mit einem Gott, der wie ein Gefängniswärter alles überwacht, alles sieht, alles hört und nichts ungestraft lässt. Die Drohungen und Einschüchterungen haben tiefe Spuren in mir hinterlassen. Aber gerade weil ich selbst eine so unglückliche Kindheit und Jugend durchlitten habe, hätte ich euch Kindern das geben sollen, was ich selbst so vermisst habe. Ich habe als Vater total versagt. Ich habe materiell gut für euch gesorgt, aber das, was ihr gebraucht hättet, habe ich euch nicht gegeben. Ich kann mich noch gut daran erinnern, wie du mir mal gesagt hast: »Papa ich will dein Geld nicht. Komm lieber mit zum Handball und schau, wie ich spiele.«

Im Rückblick erkenne ich: Ich war eigentlich nur euer Ernährer, aber nicht euer Vater. Ich brauchte mich nicht zu wundern, dass du und deine Schwester baldmöglichst ausgezogen seid, um euren eigenen Weg zu gehen.

Horst, ich bitte dich um Vergebung. Denn mir selbst kann ich nicht verzeihen, dass ich dir so vieles schuldig geblieben bin. Bitte, bitte vergib mir, Horst, damit ich nicht an meiner Schuld zerbreche und ich mit deinem Tod leben kann.

Und du sollst da drin sein?

Rudi, du hast dich einäschern lassen. »Das ist eine saubere Sache«, hast du gesagt. Aber hast du auch einmal daran gedacht, was es für mich bedeutet, vor dieser Urnenwand zu stehen? Sie sieht aus wie eine Schließfachanlage.

Wolltest du wirklich für die nächsten zwanzig Jahre weggesperrt werden? Du, der immer frei sein wollte. Wolltest du tatsächlich zwischen diesen kalten Betonwänden herumstehen? Ja, ich höre dich schon sagen: »Mein Liebes, ich habe es doch dir zuliebe getan. Ich wollte dich nicht mit der Grabpflege belasten. Und unsere Kinder wohnen zu weit weg, um sich darum zu kümmern. Und wenn das Grab verwahrlost, reden die Leute ...«. Ja Rudi, du hattest so viele sachliche Argumente für deinen Sache, deine saubere Sache! Dabei hätte ich viel lieber dein Grab gepflegt, als hier vor dieser öden Wand zu stehen und auf diese blöde Platte zu starren.

Du bist in der Mitte der obersten Reihe. Das passt zu dir. Du wolltest immer oben sein, die Oberhand haben. Du hast dich auch zu den Oberen hingezogen gefühlt, vielleicht weil du von unten, aus sogenannten asozialen Verhältnissen stammst. Du bist da herausgekommen und hast dich hochgearbeitet. Du warst stolz, es geschafft zu haben. Zu Recht. Aber auch wenn du mit denen da unten nichts mehr zu tun hattest, konntest du doch gut mit ihnen mitfühlen. Du hattest ein großes Herz für Menschen am Straßenrand und hattest für einen Bettler immer etwas übrig.

***

Die letzten Wochen konntest du gar nichts mehr sagen, kein einziges Wort mehr. Das war schlimm. Du hast immer wieder versucht, dich verständlich zu machen, aber es ging nicht mehr. Auch mit dem Schreiben klappte es nicht. Und zeitweise konntest du auf meine Fragen nicht einmal mehr nicken. Und so stand ich oft an deinem Bett, habe gemerkt, dass du mir noch Wichtiges sagen wolltest, aber ich habe es nicht verstanden. Du wolltest mir noch manches mitteilen, und ich konnte es nicht mehr mit dir teilen. In den letzten Tagen sind dir oft die Tränen gekommen. Auch wenn du nicht mehr sprechen konntest, weinen konntest du immer noch. Kurz bevor du gestorben bist, ist dir aus dem äußersten rechten Augenwinkel eine Träne über die Wange gelaufen. Deine letzte Träne, Rudi. Dann hast du die Augen ganz weit aufgerissen, als hättest du gesehen, wie der Himmel sich öffnet. Mit einem unglaublichen Gesichtsausdruck bist du gestorben, so als wolltest du sagen: Das darf doch nicht wahr sein!

Nach deinem Tod hatte ich keine Tränen mehr. Ich hatte in letzter Zeit schon so viel geweint, ich war leer geweint. Aber bei deiner Trauerfeier sind mir die Tränen wieder gekommen, trotz der Beruhigungstropfen, die ich vorher genommen hatte.

Als du im Sarg in die Aussegnungshalle gefahren wurdest und Orgel und Trompete das »Amacing graces« spielten, hat der Schmerz mich einfach überwältigt. Da sind mir die Tränen heruntergerollt. Auch beim »Ave Maria« musste ich weinen. Da sah ich uns wieder am Sarg deiner Mutter stehen, vor drei Jahren. Dieses Lied für deine Mama hat auch dich tief bewegt. Bitterlich hast du geweint.

Mein Abschiedslied für dich war »Ich bete an die Macht der Liebe«. Ja, wie mächtig die Liebe ist, haben wir selbst erfahren. Obwohl meine Eltern partout nicht wollten, dass ich dich heirate, haben wir uns gegen ihren Willen das Ja-Wort gegeben. Und auch an deinem Krankenbett habe ich die Macht der Liebe besonders intensiv gespürt. Nichts war mir zu viel. Ich habe dich gewaschen, gefüttert, dir den Schleim abgesaugt, den Hintern abgewischt. Ich hatte immer geglaubt, ich kann das nicht. Aber meine Liebe zu dir hat mir die Kraft dazu gegeben. Und ich habe es gerne getan. Für dich, meine große Liebe.

Die Trauerfeier war schön, soweit man das so sagen kann. Du warst ja die Hauptperson und lagst eingebettet in einem Meer von Blumen und Kränzen. Und mit meinen 54 Rosen in Herzform wollte ich dir auch noch einmal Danke sagen für jedes Jahr an deiner Seite. Kein Jahr davon möchte ich missen, jeder Tag mit dir zusammen war ein Geschenk, für das ich dir unendlich dankbar bin. Ich habe gewusst, dass ich mich immer hundertprozentig auf dich verlassen konnte. Du warst der Starke, der Fels in der Brandung. Du warst mein starker Halt und das Schöne war, dass ich vor dir auch schwach sein konnte. Wie oft hab ich mich an deiner Schulter ausgeweint. Nun habe ich niemanden mehr, der meine Tränen trocknet.

***

Im Vergleich zu der Trauerfeier war die Urnenbeisetzung sehr nüchtern, ernüchternd. Wir waren nur wenige, um dich auf deinem letzten Weg zu begleiten. Als der kleine, untersetze Mann vom Friedhofsamt mit der Urne ankam, konnte ich einfach nicht glauben, dass du da drin sein solltest. Du, mit deinen eins zweieinundachtzig und der einst so kräftigen Statur in diesem kleinen Gefäß. Nicht zu fassen. Die Friedhofsaufseher hat mir die Urne gezeigt, damit ich mich vergewissern kann, dass Name, Geburtsdatum und Sterbedatum stimmen. Als sei damit schon bewiesen, dass deine Asche in der Urne drin war. Fassungslos habe ich den Kopf geschüttelt. Ich konnte einfach nicht glauben, dass das alles sein soll, was von dir übrig geblieben war.

Deine Schwester Uschi versuchte mich zu trösten: »Es ist doch nur seine Hülle, die da drin ist.« Was heißt da *nur*? Es war doch diese Hülle, die mir so vertraut war. In deinen Armen habe ich mich angenommen, geliebt gefühlt. Wie viel ärmer wäre ich ohne deine Umarmungen gewesen! An deiner Schulter konnte ich mich ausweinen, an deine starke Schulter mich anlehnen. Deine Hände hätte ich unter tausend anderen erkannt. Deine zarten Hände mit den langen Fingern, die mich manchmal so liebevoll gestreichelt haben. Deine Augen, deine braunen Augen, die mich immer noch gerne gesehen haben. Dein Herz, dein großes Herz, das immer großzügig gegeben hat. Dein schönes Haar ... Alles nur noch Asche.

Hätte ich dir doch wenigstens eine Haarlocke abgeschnitten und sie in einem Medaillon aufbewahrt. Dann hätte ich wenigstens noch etwas von dir gehabt. Nun habe ich nichts, gar nichts mehr von deinem Körper. Natürlich warst du mehr, viel mehr als dein Körper. Aber das, was dich ausgemacht hat, dein Wesen, war nun einmal in dieser Hülle drin, deine Seele hat in deinem Körper gewohnt. Ich glaube ich zwar nicht, dass deine Seele durch das Feuer vernichtet wurde. Aber mir hat es wehgetan, dich im Feuerofen zu wissen. Du wirst mir sagen: »Aber, Liebes, ich habe davon doch nichts mitbekommen. Und wäre es dir denn lieber gewesen, wenn ich von den Würmern aufgefressen worden wäre!?« Trotzdem bin ich entschieden gegen die Einäscherung. Ich will auf jeden Fall nicht, dass noch eine Menge Energie verwendet wird, um meine Wenigkeit aus dem Weg zu schaffen. Hinzu kommt, dass ich bei einer Verbrennung zwangsläufig an die unzählig ermordeten Juden denken muss, die durch den Schornstein gegangen sind.

Du hast mir von der reinigenden, ja heiligenden Kraft des Feuers gesprochen. Ja, die Hindus und Buddhisten glauben, dass die Seele durch Verbrennung des Leichnams von seinen irdischen Resten gereinigt wird, so dass sie in einem neuen Körper reinkarniert werden kann. Dort werden die Toten noch mit Blumenkränzen geschmückt und das Feuer am Mund der Leiche entzündet, da wo der Atem rauskommt. Bei uns aber wird der Leichnam nicht langsam auf einem Holzstoß verbrannt. Die Toten kommen im Sarg auf dem Fließband in den Ofen, bei einer Hitze von bis zu 1200 Grad. Es muss schnell gehen. Zeit ist Geld. Nach 90 Minuten ist alles vorbei. Und so sauber ist die Sache auch nicht, wie du immer wieder betont hast, Rudi. Du weißt auch, dass durch die Leichenverbrennung die Umwelt verschmutzt wird. Auch die feinsten Filter der Öfen können nicht verhindern, dass es zu schädlichen Emissionen kommt. Du wirst mir sicher entgegenhalten, dass bei einer Erdbestattung das Grundwasser durch die Schadstoffe auch belastet wird. Das mag sein. Trotzdem erinnern mich die Verbrennungsöfen des Krematoriums an eine Müllverbrennungsanlage. Die Toten enthalten immer mehr Problem-Müll. Denk nur an dein Metallimplantat im Kniegelenk. Dein Herzschrittmacher mit der Quecksilberbatterie wurde vorher wohl entfernt. Oder hat es im Ofen geknallt, als er explodiert ist? Und wo ist dein Zahngold geblieben? Ich möchte es lieber nicht wissen, Rudi.

Die vielen Vorschriften verstärken bei mir den Eindruck, dass es bei der Einäscherung um die reinste Entsorgung geht. Alles soll natürlich umweltfreundlich sein. Nur ein Hemd aus reiner Baumwolle ist erlaubt. Dabei hätte ich dir am liebsten deinen Trainingsanzug angezogen, aber Polyester ist verboten. Ich hätte dir auch liebend gern deinen Teddybär mit auf die Reise gegeben, aber der durfte nicht mit in den Sarg.

Ich habe für meine Beerdigung schon alles mit der Bestatterin besprochen und ihr auch gesagt, was ich im Sarg tragen möchte. Du weißt, ich bin keine Feministin, aber ich will nach meinem Tod nicht von Männern gewaschen und herumgeschoben werden.

***

Der Friedhofsaufseher hat mich gefragt, ob ich die Urne tragen will. Ich hätte es gerne getan, aber ich weiß nicht, ob meine Kraft dazu ausgereicht hätte. Aber dazu hätte meine Kraft wohl nicht ausgereicht. Es fiel mir schon schwer genug, als erste deinen letzten Weg mitzugehen. Und als wir dann zu der Urnenwand kamen, wurde deine Asche in deinem Schließfach abgestellt und hinter der Frontplatte eingeschlossen, wegeschlossen für die nächsten zwanzig Jahre. Eine saubere Sache. Nicht mal eine frische Blume darf ich dort hinlegen, denn die mache Dreck.

Es tut mir leid, Rudi, aber ich habe keine Beziehung zu dieser Kaffeebüchse. Ich kann vor dieser Wand nicht mit dir reden. Und dann wird diese blöde Urnenwand auch noch Kolumbarium genannt wegen der optischen Ähnlichkeit mit einem Taubenschlag. Aber die Tauben fliegen fort ... In dieser scheußlichen Schließfachanlage steht in jedem Fach ein »Koffer« – für viele Jahre eingesperrt. Nicht einfach, sich vorzustellen, dass ihre Besitzer sich auf die große Reise gemacht haben sollen, um frei zu sein, frei wie ein Vogel in der Luft ...

Rudi, wenn du dich schon einäschern lassen wolltest, dann hätte die Urne in der Erde beigesetzt werden sollen. Ich hätte dein Grab gerne besucht und gepflegt. Das wäre für mich keine lästige Pflicht gewesen. Ich hätte dir immer wieder Blumen gebracht und den Pflanzen Wasser gegeben.

Rudi, ob im Sarg oder in der Urne, wir sollten nach dem Tod in den Schoß der Erde zurückkehren. Da ist es doch viel wärmer als in den kahlen, kühlen Wänden dieser schrecklichen Schließfachanlage.

Erde zur Erde. Wir kommen aus der Erde und zur Erde kehren wir wieder.

Die Vorstellung, von den Maden gefressen zu werden, schreckt mich nicht. Im Gegenteil. Ist doch schön, dass ich armer »Madensack« der Mutter Erde noch etwas zurückgeben kann, die mich mein Leben lang so gut ernährt hat. Und wenn ich den Hunger der Würmer stillen kann, freue ich mich, auf diese Weise wieder in den Kreislauf der Natur einzugehen.

Rudi, ich habe auf dem Friedhof die Emma getroffen. Du kennst sie auch. Ihr Mann Christoph ist vor drei Jahren an Leukämie gestorben. Seine Urne stand in der gleichen Nischenwand wie du, aber in der zweiten Reihe unten. Nun hat Emma die Urne von Christoph herausnehmen und in ein Erdengrab einbetten lassen. Ihr ging es wie mir. Vor der Urnenwand kam sie sich so blöd vor und bekam einfach keine Beziehung zu ihrem Mann. »Ich konnte mit ihm nicht reden«, hat sie gesagt. Ja Rudi, ich täte dich am liebsten auch aus deinem Schließfach herausholen. Aber du hast es so gewollt und das muss ich respektieren. Aber eines sage ich dir: nach meinem Tod kommt deine Urne zu mir ins Grab und wird über meinem Sarg beigesetzt. Dann sind wir wieder zusammen und du bist immer noch oben.

Uta, Ingrid, Gerhard, Eckhardt, Annerose – unsere Nachbarn

Uta, du bist so schnell von uns gegangen, dass ich es immer noch nicht so richtig glauben kann. Du warst an einem Sonntagnachmittag mit deinem Mann Wolle bei eurem Freund Franco in Stuttgart. Du hattest ihm noch einen Erdbeerkuchen gebacken. An dem Nachmittag habt ihr zusammen viel gelacht und erzählt. Um vier Uhr wolltet ihr gehen. Und um zwanzig vor vier hast du dann gesagt: »Du, Wolle, mir ist gar nicht gut.« Fünf Minuten später war der Notarzt da. Aber es war nichts mehr zu machen. Uta, du bist so gestorben, wie du es dir immer gewünscht hast. Aber dein Wunsch-Tod kam 20 Jahre zu früh. Du warst erst 64, fast zehn Jahr jünger als ich.

Wir haben mehrere Jahre zusammen in einem Haus gewohnt und schöne Zeiten miteinander erlebt. Wir haben gemeinsam gelacht und gefeiert, manchmal ganz spontan im Treppenhaus oder Fasching im Keller. Da hattest du dich als Matrone verkleidet. Ja, Uta, du warst eine Mutter, wie sie im Buch steht. Du warst stets besorgt um das Wohl deiner Kinder. Wenn du von deinen Jungs geredet hast, hast du gestrahlt. Du hattest ein großes, gütiges Herz. Du warst überhaupt nicht kompliziert, einfach ein angenehmer Mensch. Du bist leicht auf andere zugegangen und hattest schnell Kontakt.

Du kamst von »drüben« und warst acht Jahre, als du mit der S-Bahn über die Berliner Friedrichstraße in den Westen eingereist bist. Das einzige, was du in den Westen mitnehmen konntest, war deine Puppe, nicht deinen Schulranzen, denn das wäre aufgefallen. Und so bist du in Alpirsbach mit dem Karton in die Schule gegangen. Als Flüchtlingskind hattest du nichts zu lachen. Zum Glück gab es in deiner Klasse auch Christa, die sich sehr um dich gekümmert und dir auch bei den Hausaufgaben geholfen hat. Diese Erfahrung hat wohl mit dazu beigetragen, dass »You'll never walk alone« dein Lieblingslied wurde. Du wirst niemals alleine gehen. Geh' weiter durch den Wind und geh' weiter durch den Regen, obwohl deine Träume zerschlagen und weggeblasen sind! Geh' weiter mit der Hoffnung im Herzen – und du wirst nie alleine gehen! Am Ende des Sturms erwartet dich ein goldener Himmel. In dieser Zuversicht, Uta, haben wir dich schweren Herzens gehen lassen.

Auf der Fahrt durchs Leben bist du deinem späteren Mann Wolle schon im Schulbus begegnet. Ihr zwei seid ein richtiges Paar geworden, habt euch beide gut ergänzt. Ohne viel zu reden habt ihr euch verstanden. Ihr habt zusammen viel unternommen, ihr habt die halbe Welt gesehen. Es ist gut, dass ihr nicht – wie viele andere – alles auf die lange Bank geschoben habt und gesagt habt: Später, später, wenn wir mal in Rente sind. Denn dann wäre es zu spät gewesen. Wir alle müssen lernen, verstehen lernen: Heute ist der Tag, der wichtigste in unserem Leben.

Dein Vater ist mit 62 Jahren einen Sekundentod gestorben. Aber für deine Mutter ist der Verlust ihres einziges

Kindes doch noch ein anderer Schmerz: Der Partner geht von der Seite, ein Kind aus dem Herzen. Dein plötzlicher Tod, Uta, gibt uns einen Denkzettel: Bedenke Mensch, wie schnell auch dein Leben zu Ende sein kann. Wenn du das bedenkst, beherzigst du, was in diesem Gedicht geschrieben steht:

»Sag ein liebes Wort zur guten Nacht,
wer weiß, ob man noch früh erwacht.
Sag morgens mir ein gutes Wort,
bevor du gehst zu Hause fort,
es kann soviel am Tag gescheh'n,
wer weiß, ob wir uns wieder seh'n.
Drum lass ein gutes Wort das letzte sein,
bedenk: Das Letzte könnt's für immer sein.«[21]

***

Ingrid, als ich hörte, dass du gestorben bist, habe ich gedacht endlich. Obwohl du bald zehn Jahr jünger warst als ich. Aber seit dreieinhalb Jahren lagst du im Koma, ohne Hoffnung wieder aufzuwachen. Es war kaum noch länger mitanzusehen, wie du da lagst. Es hat deiner Mutter, deinen Kindern, deiner Schwester Ute, deiner besten Freundin Klara so weh getan, dich quasi leblos liegen zu sehen. Und das schon seit so langer Zeit. Ingrid, ich kann dir gar nicht sagen, wie hilflos ich mich oft an deinem Bett gefühlt habe. Du warst da und warst trotzdem weit, weit weg, wie in einer anderen Welt versunken. Und dennoch schien es manchmal so, als würdest du meine Stimme erkennen. Du hast sogar gelächelt. Oder habe ich mir das nur eingebildet? Waren deine Reaktionen nur Reflexe, wie der Arzt mir sagte? Wer weiß schon, was in dir vorgegangen ist?

Du wusstest, wie riskant die dritte Aneurysma-Operation sein würde. Bei der ersten Operation vor 20 Jahren wärst du schon fast gestorben. Und so hattest du für den Fall, dass du nach der dritten Operation nicht mehr aufwachst, den Text deiner Todesanzeige selbst ausgesucht: *Gott sah, dass du müde wurdest, und geheilt wurdest du nicht. So legte er seine Arme um dich und flüsterte: »Komm mit mir.«* Ja, es war, als hätte der Herrgott persönlich ein Einsehen gehabt und dich endlich heimgeholt. Durch deinen Tod hat sich die Spastik deiner Hände gelöst, ganz gelöst lagst du da, erleichtert, als wäre eine ganz schwere Last von dir abgefallen.

Bei deiner Trauerfeier habe ich ein paar kritische Worte zu Psalm 23 gesagt: Gott als Guten Hirten zu preisen ist nicht einfach. Zu wenig Wasser. Zu viel Wüste. Wo sind im grauen Alltag die grünen Auen? Wir sind keine Schafe, die sich blindlings führen lassen. Wir bleiben hängen im Gestrüpp der Fragen und Zweifel. Wie kann Gott das zulassen? Und dieser Gott soll Liebe sein?

Dein langer Leidensweg, Ingrid, hat den Glauben deiner Lieben an einen gütigen Gott auf eine ganz harte Probe gestellt. Deine Mutter hat mich mehrmals gefragt, an deinem Bett das Vaterunser zu beten. Aber ich kam nicht weit, blieb hängen ... Dein Wille geschehe. War es wirklich Gottes Wille, dass du seit Jahren so dalagst – zwischen

Leben und Tod? Will Gott wirklich, dass Menschen derart künstlich am Leben erhalten bleiben? Und auch wenn Gott dein langjähriges Koma nicht gewollt hat, so hat er es doch zugelassen. Und ist das Zulassen nicht auch eine Form des Wollens?

Ingrid, du bist in deinem Leben durch ganz tiefe Täler gewandert. Du hast erfahren, wie viel Angst die finstere Schlucht macht. Die Angst vor der Operation. Die Angst, nicht wieder aufzuwachen. Die Angst, es nicht zu schaffen. Als Kind wurde dir beigebracht, dass Gott die Guten belohnt und die Bösen bestraft. Aber warum hat es dann gerade deine Familie so schwer getroffen? Erst starb dein Mann Gerhard mit 54 Jahren. Ganz plötzlich und unerwartet wurde er von eurer Seite weggerissen. Er hatte sich mittags nach dem Essen hingelegt und ist nicht mehr aufgestanden. Plötzlich war alles anders, euer Familienglück zerschlagen. Und dann hast du von deiner Krankheit erfahren, und von den Risiken, die mit der Operation verbunden sind. Ich weiß nicht, ob du in diesen schweren Zeiten den Trost des Guten Hirten erfahren hast. Auf jeden Fall bist du durch die ausweglose Wüste gegangen.

Ingrid, an deinem Bett habe ich manchmal das Lied gesungen: »Von guten Mächten wunderbar geborgen, erwarten wir getrost, was kommen mag. Gott ist mit uns am Abend und am Morgen und ganz gewiss an jedem neuen Tag.«[22] Und hoffentlich auch an jenem neuen Tag, an dem du *drüben* aufgewacht bist. Das wünsche ich dir von ganzem Herzen.

Bei deiner Abschiedsfeier blieb kein Stuhl leer in der Aussegnungshalle. Du warst mit deiner ruhigen, stillen Art sehr beliebt. Und die vielen Trauernden haben alle die Jahre auch im Stillen mit dir, mit euch gelitten.

Bei deiner Trauerfeier habe ich erzählt, dass wir oft zusammen gefeiert haben und wie wir an Fasching im Keller auf den Mülleimern saßen. Und ich habe auch gesagt, dass du eine ordentliche Frau warst, die alles fein aufbewahrt hat. Bei deinen alten Schulzeugnissen hattest du allerdings manche Noten ausgeschnitten. Sehr gut, Ingrid.

***

Eckhardt, Warum du? Du hast viel gesünder gelebt als ich und viel Sport gemacht. Aber du hast mit 41 Jahren Krebs bekommen. Bestrahlungen, starke Nebenwirkungen. Doch du ließest dich nicht unterkriegen; du warst ein Kämpfer und hast den Krebs besiegt. Danach hast du noch intensiver gelebt und das Leben mit deiner Familie noch mehr genossen. Bis dich im Sommer 1995 sozusagen aus heiterem Himmel der Schlag traf, einen Tag nach eurem Urlaub in der Toscana. Ein »Schlägle«, sagen die Schwaben. Aber dieses »Schlägle« hat dich ganz schön aus der Bahn geworfen. Und während du noch im Krankenhaus warst, folgte der zweite Schlaganfall, der noch sehr viel schwerer war. Du bliebst halbseitig gelähmt und konntest nicht mehr sprechen. Du warst mit Sprachlosigkeit geschlagen, konntest nur noch einige Laute hervorbringen. Aber was du sagen wolltest, haben wir nicht verstanden.

Wie weh muss es dir getan haben, dich nicht mehr verständlich machen zu können und immer nur die anderen reden zu hören, ohne selbst etwas sagen zu können. Du saßest in einem tiefen Loch, aber mit Hilfe deiner Familie hast du dich langsam wieder hochgekämpft und bist wieder auf die Beine gekommen. Du lerntest wieder gehen und konntest auch wieder ein paar Worte sprechen. Auf die Frage, Eckhardt, »wie geht's dir?«, hast du immer *gu-et* gesagt. Oder: *Best-ens*. Und wenn man dir angemerkt hat, dass es dir gar nicht gut ging, hast du geantwortet: *geht, geht*. Oft war deine Antwort auch: *Schei-ße*! *Schei-ße* – und hast gestrahlt! So schön wie du konnte niemand *Scheiße* sagen! Ich habe dich nie klagen und jammern gehört. Nein, vielmehr hast du versucht, aus allem das Beste zu machen. Ach, aus dem Schlimmsten hast du noch das Beste herausgezogen. Und dadurch hast du anderen Mut gemacht. An dir konnten wir uns aufrichten. Du warst täglich im Ort unterwegs und hast bei jedem Schritt das linke Bein nachgezogen. Du bist oft stehen geblieben und hast ein »Schwätzle« mit den Leuten gemacht. Viele haben dich im Stillen bewundert. Ohne es zu wissen hast du anderen geholfen, ihr eigenes Schicksal zu meistern.

Nicht nur ich habe mich gefragt, Eckhardt, woher nimmst du nur die Kraft, das alles so gut zu verkraften? Du schienst immer gut drauf, obwohl du immer mehr und mehr zu tragen hattest. Du hattest schon lange gemerkt, dass mit deiner Frau Annerose etwas nicht stimmt. Sie hat die einfachsten Dinge nicht mehr auf die Reihe bekommen und immer mehr vergessen. Obwohl sie erst 55 war, wurde bei ihr Alzheimer festgestellt. Hört es bei uns denn nie auf? Wie oft hast du dir diese Frage gestellt? Die Demenz deiner Frau Annerose schritt so schnell voran, dass es auf die Dauer unmöglich war, sie noch weiter zu Hause zu pflegen. Was es für dich bedeutet hat, deine geliebte Frau im Heim zurücklassen zu müssen, das kann ich nur erahnen. Dieser letzte Schlag, der war zu viel, der hat dir das Herz gebrochen.

Und als du dann 2008 mit Wasser in der Lunge ins Krankenhaus kamst und vom Pflegeheim die Rede war, hast du alles verweigert. Du hast nicht mehr gegessen, und auch keine Medikamente mehr genommen. Ganz entschieden hast du alles abgelehnt, was dein Leben verlängern würde. *Schwer, schwer* hast du zu deinen Kindern gesagt – *schwer, schwer, sterben besser, besser*. Und du hast ihnen auch gesagt: *Schön, nicht nur schwer, schön*. Du, der immer so selbstständig warst, wolltest nicht von anderen abhängig sein. *Sterben, sterben besser*.

***

Annerose, inzwischen bist auch du gestorben, aber das hast du selbst wohl gar nicht mitbekommen. Schon seit vielen Jahren lebtest du in einer Welt, zu der niemand noch Zutritt hatte. Du warst unerreichbar, hattest dich ganz in dich zurückgezogen. Aus leeren Augen hast du uns angestarrt. Vor 15 Jahren hat es angefangen. Ich habe gedacht, da stimmt etwas nicht. Du hast versucht, es zu überspielen. Dann bist du immer mehr geistig abwesend geworden. Keine Ahnung, was in dir vorgegangen ist. Du warst so weit weg von uns, unerreichbar. Die warst nur noch die Hülle. Und das hat es mir auch so schwer gemacht, dich zu besuchen. Ich habe mich so hilflos gefühlt, so ohnmächtig.

Verzeih mir, dass ich so selten zu dir gekommen bin. Die Krankheit hat dich total verändert. Früher warst du eine so lebendige Frau, die liebend gerne getanzt hat und Ski gefahren ist. Auch wenn deine Demenzerkrankung dich davor bewahrt hat, deinen eigenen geistigen Abbau bewusst mitzuerleben, wirst du trotzdem wohl gespürt haben, wie du dir selber immer fremder wurdest. In deinen hellen Momenten hast du sicher gemerkt, wie du immer tiefer in dunkler Nacht versinkst. Liebe Annerose, ich wünsche dir so sehr, dass du nach deinem Tod wieder zu dir kommst, wieder die »Alte« wirst. Wie schön wäre es, wenn du deinen Eckhardt wiedersiehst und ihr miteinander tanzt vor Freude!

Liebe Uta, Ingrid, Gerhard, Eckhardt, Annerose, ihr, meine nächsten Nachbarn, habt mir die Zerbrechlichkeit des Lebens in aller Tragik nahegebracht. Und ich kann nur dankbar sein, dass ich bisher verschont geblieben bin.

Im Voraus

Ein Wort danach

Wenn ich mit meinen Vorgängern rede, komme ich zwangsläufig auch mit mir selber ins Gespräch. Warum nicht ich? Diese Frage begleitet mich eigentlich schon mein Leben lang. Mit anderthalb Jahren wäre ich fast an einer Lungenentzündung gestorben. Der Arzt hatte mich schon aufgegeben und mein Vater wurde von der Arbeit geholt. Aber irgendwie habe ich überlebt, auch wenn es ganz knapp war. Mein kleiner Bruder hatte nicht so viel Glück. Er starb mit neun Monaten. Und mein großer Bruder Jan stürzte als Pilot mit dem Flugzeug ab. Er war 21 und hinterließ eine schwangere Frau.

Ich scheine ein Glückskind zu sein. Kurze Zeit nachdem ich den Führerschein hatte, flog ich mit meinem Käfer aus der Kurve, überschlug mich mehrere Male und landete im freien Feld. Die Unfallzeugen trauten ihren Augen nicht, als sie mich unverletzt aus dem Autowrack steigen sahen. Viele Jahre später verursachte ich einen folgenschweren Unfall auf der Autobahn. Ein Haufen Blechschaden. Ich hatte keine Schramme und muss ein ganzes Heer von Schutzengeln gehabt haben, dass mir nichts passiert war.

Ich betrachte unser Klassenfoto. In meiner Reihe stehen einige, die nicht mehr sind. Auch mein bester Freund Jaak. Er starb mit 41 Jahren an einer Hirnblutung. Warum nicht ich? Wie oft stand ich schon am Sarg von einem Menschen, der gleichaltrig oder so viel jünger war als ich?! Warum nicht ich?

Wenn ich im Voraus wüsste, wann und wo und wie ich sterben werde, würde ich nachts noch unruhiger schlafen und noch seltener lachen. Aber weil ich weiß, dass meine Tage gezählt sind, lebe, erlebe ich jeden Tag bewusster, intensiver und bin dankbar für jeden Morgen, an dem ich aufstehen kann. Aber ich bin noch lange nicht so weit, jeden Tag so zu leben als wäre es mein letzter.

Ein guter Tag zum Sterben wäre mein Geburtstag. Und wenn dann der 11. Februar gleichzeitig auch der Faschingsdienstag wäre, könnte ich getrost den Löffel abgeben: Carneval, carne vale, Fleisch lebe wohl!

Fast fünfundsiebzigjährig weiß ich, dass ich schon lange reif für die Kiste bin, aber glauben kann ich es immer noch nicht. Ich kann mir nicht einmal richtig vorstellen, dass ich gebückt am Rollator gehe. Ich sehe mich auch noch nicht schief im Rollstuhl sitzen, geschweige denn auf dem Sterbebett liegen. Der Glaube an die eigene Unsterblichkeit ist eine Kiste, die auch Menschen im Hospiz noch daran glauben lässt, dass sie nicht daran glauben müssen.

Wie schnell wird's am Ende gehen? Ein Sekundentod wäre toll, aber dann kriege ich nichts mit. Gerade auf der letzten Strecke kann ich noch einiges mitbekommen und tief im Herzen erfahren. Ich möchte meinem Tod bewusst entgegengehen und ihm in die Augen schauen, auch wenn er mir sicher Angst einjagt. Wer glaubt, zittert nicht. Mal sehen, ob das stimmt. Und sollte Freund Hein mich eine Zeitlang zappeln lassen, zeige ich ihm die Zunge: Alle haben es bisher geschafft. Warum nicht ich?

Anmerkungen

1 Matthias Claudius (1740–1815)
2 Franz Kafka (1883–1924)
3 Evangelisches Gesangbuch 376
4 Erich Kästner, Das Eisenbahngleichnis (Auszug), in: Doktor Erich Kästners lyrische Hausapotheke, © Atrium Verlag AG, Zürich 1936 und Thomas Kästner
5 Antoine de Saint-Exupéry, Der Kleine Prinz, © 1950 und 2014 Karl Rauch Verlag, Düsseldorf
6 Antoine de Saint-Exupéry, Der Kleine Prinz, © 1950 und 2014 Karl Rauch Verlag, Düsseldorf
7 Nach einer alten Indianer-Legende, vgl. www.borromaeusverein.de/auslese/1/kirchenjahr-adventszeit-und-braeuche (31.08.2017)
8 Anton Tschechow (1860–1904)
9 Hermann Hesse, Stufen (Auszug), in: Sämtliche Werke in 20 Bänden. Hrsg. von Volker Michels. Band 10: Die Gedichte. © Suhrkamp Verlag, Frankfurt a.M. 2002
10 Mireille Mathieu, »Martin« (Single), Musik/Text: Christian Bruhn/Georg Buscher, Amiga 450683, 1969
11 Mireille Mathieu, »Die Sonne wartet schon«, auf: »Meine Welt ist die Musik« (CD), Musik/Text: Oliver Statz/Joachim Horn-Bernges, Ariola 332643, 1998
12 Tore des Gebets, Reformiertes Jüdisches Gebetsbuch
13 Ludwig Hirsch, Album (LP) »Komm großer schwarzer Vogel«, Polydor 2376106, 1979

14 Ludwig Hirsch, Album (LP) »Komm großer schwarzer Vogel«, Polydor 2376106, 1979
15 Louise Hensel (1798–1876)
16 Matthias Claudius (1740–1815)
17 Wilhelm Hey (1789–1854)
18 Engelbert Humperdinck (1854–1921)
19 M. Basilea Schlink, Evangelische Marienschwesternschaft, Darmstadt
20 Franz von Assisi (1181/82–1226)
21 Editha Teiler
22 Dietrich Bonhoeffer (1906–1945)

Wir danken den Verlagen und Rechteinhabern für die Erteilung der Abdruckgenehmigungen. Bei einigen Texten war es trotz gründlicher Recherchen nicht möglich, die Inhaber der Texte ausfindig zu machen. Honoraransprüche bleiben im üblichen Rahmen bestehen.